医療ミスでは？と思ったら読む本

医療事故研究会 著

第2版

日本評論社

はしがき

この本の初版を世に送り出してから約九年が過ぎたところで、第二版を出すことになりました。採り上げた項目には多少の変更があり、また、解説の内容も再検討して、適宜新しい内容に改めました。

この本を手に取られた方は、タイトルの「医療ミス」という言葉に惹かれたのではないでしょうか。「医療ミス」とは、外科手術の際に誤って大事な血管を傷つけたり、或いはレントゲン写真に映っていたがんを見落とすといった医学上の過ちがあり、その結果として患者さんに死亡や障害などの不利益が生じたことを指す言葉です。

法律的には、診療契約に反した債務不履行または不法行為が成立して、医療側は損害賠償の責任を負うことになります。

患者さんの立場からは、「思ったような結果にならなかった（ちっとも良くならない）」とか、「思いがけない結果になってしまった（亡くなってしまった）」ということから「医療ミス」を連想することが多いと思われますが、「医療ミス」と言えるかどうかは、医学的な検討と法律的な検討という二つの側面からの検討が不可欠です。そのどちらも専門的ですから、一般の患者さんやその家族には手に余ることでしょう。

しかし、「もしかしたら医療ミスではないか？」と考えたとしても、いきなり弁護士のところに相談に行くというのは相当にハードルが高いかも知れません。そもそも弁護士の知り合いがいないという人が多いでしょうし、たくさんの弁護士の中から、適切な説明や助言をしてくれる弁護士を見つけるのは容易ではありません。

この本は「医療ミスかも？」という疑問を持った人に、まず最低限の知識を提供するという狙いで作られました。そのため、前半では「どんな医療事故があるか」として、検査、手術、診断、投薬、説明、出産、がん治療、院内事故というように、これまでに起きたタイプに分けて医療事故を解説しています。ですから、この中にあなた（或いはあなたの家族）と似た事例があれば、そこに書かれた解説を読むことで大まかな問題点が分かると思います。

そして後半は、医療事故に遭ってしまったら実際にどんな進め方があるのかを解説し、弁護士との付き合い方や医療裁判の仕組みや理論的な問題点なども簡潔に説明しています。

と言っても、この本は過去の事例の紹介や制度の一般的な解説ですから、個々のケースでどう考えるべきか、それが「医療ミス」と言えるかどうかまでは分かりません。

この本が、次のステップに進むための手がかりとしてもお役に立つことを願っています。

医療事故研究会会長　弁護士　森谷和馬

二〇二〇年二月

初版　はしがき

人生、いつも健康で過ごせるのが理想ですが、今は健康でも、いつけがをしたり病気になったりするかわかりません。たとえ自分でなくても、家族や友人が入院したり、手術を受けることもあり、そんなとき、頼りにするのがお医者さんです。

新しい技術や治療法が開発され、医療の内容は日々進歩しているようですが、残念ながら期待した結果が得られないこともあるでしょう。「医療ミス」、「医療過誤」、「医療事故」といった言葉で表現されるような事態も決して稀ではないようです。

ただ、法律的に表現すると、お医者さんや病院は、患者の病気やけがを治すことを約束しているわけではありません。その病気やけがを治すために一般に必要とされている診断・治療をするという約束をしていることになります。ですから、結果が悪ければすぐに責任を問われるのではなく、あくまでも「やるべきことをしなかった」ときにだけ責任を問われます。

この本は、残念ながら期待した結果が得られなかった患者さんやその家族がまず知りたいと思うような疑問を選び出し、それぞれに簡潔な解説を付けてあります。

前半では、よくありそうな医療事故の類型をあげてありますので、あなたの場合に似たパターンがないか探してみてください。後半では、患者さんやその家族が医療事故に直面したときの手続がどうなるかを解説してあります。

もちろん、この本を読んですべてが解決できるわけではありませんが、おおよその方向はわかるのではないでしょうか。

ただ、はたして「やるべきことをしなかった」といえるかどうかについては、専門家である弁護士の調査・検討が必要になります。ですから、この本を読んだら、次には経験のある弁護士に会って相談されることをお勧めします。

この本がそのためのワンステップとして、あなたのお役に立つことを期待しています。

二〇一一年三月

医療事故研究会会長
弁護士　森谷和馬

医療ミスでは?と思ったら読む本［第2版］●目次

第I部

どんな医療事故があるか

Q1

［検査］**血液採取中の神経損傷**

血液検査のために採血をした際、強い痛みがあり、以来、痛みが治まらず、神経が損傷していると診断されました。病院に対して、賠償を求めることができるでしょうか。

腕には、前腕皮神経、正中神経などの神経が走行しています。**採血**などのために注射をする場合には、これらの神経を傷つけることがないように注意して行われます。しかしながら、ときに神経が傷つけられることがあり、ひどい痛みや麻痺が生じることがあります。このような痛みや麻痺は、治療等により徐々に治っていく場合も多いですが、痛みが残ったり、生涯通院することが必要になったり、ほとんど手が使用できなくなるなどの重い後遺症が残ってしまうこともあります。

では、どのような場合に、病院に賠償を求めることができるのでしょうか。

まず、採血による**神経損傷**であることが前提となりますが、採血の際に痛みを訴えていたとか、採血後から痛みが生じていれば、採血により神経損傷が生じたと考えることができるでしょう。

ただ、このように、採血により神経損傷が生じたとしても、必ずしも病院に責任が認められるとは限りません。表面近くにある神経を損傷した場合などは、適切なやり方で採血をしても、神経損傷は避けられないと判断されるためです。

裁判例でも、献血のための採血で前腕皮神経を損傷した事例につき、前腕皮神経が損傷しないようにすることは不可能であるとして過失を否定したものがあります。[*1] 他方、**血液検査**のための採血により前腕皮神経、正中神経が損傷されたケースについて過失を認めたものがあります。[*2]

なお、どの神経を損傷したかは、痛みの生じている部位、症状、医師の診断内容などから判断することになります。

神経損傷につき病院の過失が認められるときには、その治療のために入通院した治療費、慰謝料、休業損害、後遺症が残った場合には、その分の慰謝料、労働ができなくなった場合にはその分の損害などを請求することができます。

いずれにせよ、注射による神経損傷が疑われる場合には、早急に治療を受けるとともに、経過のメモをつくっておくとよいでしょう。

（山崎和代）

＊1　大阪地裁平成八年六月二八日判決　＊2　仙台高裁秋田支部平成一八年五月三一日判決

Q2 ［検査］**内視鏡検査による医療ミス**

病院に行って胃カメラで検査を受けたところ、胃に穴をあけられてしまいました。命に別状はありませんでしたが、数日入院しなければなりませんでした。病院に賠償を求めることはできるでしょうか。

内視鏡による事故としては、①**内視鏡検査**前の麻酔による事故と、②内視鏡の操作の誤りによる事故（**胃の穿孔**など）があります。本件の場合は②になります。

検査を受けに行っただけなのに事故にあってしまったときの苦痛は大変大きなものだと思います。しかし内視鏡による検査の場合、一定の割合で胃の穿孔などの合併症が起こるといわれています。そのため医師がミスを認めていたとしても、それが医師の技術の問題ではなく避けられない事故であった場合、法的な責任（過失）が認められるとは限りません。裁判例のなかには、大腸内視鏡検査において**大腸穿孔**が発生した事案で、その確率がきわめて低いことを理由に、不幸にして大腸穿孔が発生した場合には医師の手技に過失があったと評価せざるを得ないとしたものもあります[*1]。しかし反対に、一定の確率で生じるものであることを理由に過失を否定した裁判例もあります。

胃に穴があいたことの責任を追及できるかについては、検査によって穿孔が生じる確率がどのくらいか、実際の手技がどのようなものであったか、事故後医師からどのような説明があったかなどをよく検討したうえで、医師に法的な過失があるかどうかを判断する必要があります。過失が認められるときには、入院費や慰謝料、入院によって会社を休んだ場合の休業損害などを請求できます。

なお、医師の手技について過失が否定された場合でも、事前にそのような結果が生じることの説明が十分されていない場合には、医師の説明義務違反が認められる場合があります。検査の同意書などを確認してみてください。

また、穴があいた後の処置が不適切であったためにより重い結果が生じた場合には、その処置に関して過失が認められることもあります。

いずれにせよ、検査中の事故の場合、どうしてそのようなことが起こったのかよくわからないことが多いのが現実です。事故が起こった場合には、事故の経過や事後的な処置の内容について、医師から十分な説明を受けることはもとより、カルテを取り寄せてみる必要があるでしょう。

（関哉直人）

＊1　神戸地裁平成一六年一〇月一四日判決

Q3

［検査］画像検査での見落とし

父は三年前に会社の集団検診でX線写真に写っていた肺がんを見落とされました。今年になり遠隔転移もみつかり、手術不能の状態で亡くなりました。集団検診した医療施設に賠償を求めることはできますか。

一般に、**集団検診のX線写真の読影**と、通常診療におけるX線写真の読影とを比べた場合、集団検診の場合の医師の読影能力には一定の制約があると考えられます。[*2] なぜかというと、集団検診では、病気の治療の際にX線撮影する場合のように、臨床診断があって読影医にX線写真が回されてくるものではないし、多数のX線写真を比較的短時間に読影するからです。また、患者の問診内容、病歴等が前提になるわけでもありません。さらに、要精検と判定された後精密検査で異常なしとされる割合があまりに多数に上ると、集団検診の信用性が失われ、今度は受診率の低下を招来するからです。[*2]

しかし、X線写真に写っている肺がんの大きさ、性状によっては、前記のような制約がある集団検診であっても、読影医は異常を指摘すべきとされる場合もあります。従って、どのような場合に読影医の過失となるかは、問題となる集団検診の写真から個別に判断せざるを得ないことにな

ります。[*1、*2]

注意する必要があるのは、仮に見落としたことに「過失」がある場合、すなわち注意して見れば肺がんを発見できた場合であっても、そのことにより常に患者さんの死亡についての責任を負うことになるとは限らないということです。仮に見落とさずに肺がんと診断され、すぐに治療を開始していたなら患者が救命できた可能性が高い、と患者側で証明できないと、患者が死亡したことについての当該医療機関の責任は発生しません。これを**因果関係**と言います。

例えば、見落とされた画像のがんの部分の大きさなどから、三年前の集団検診当時に既に肺がんの**転移**が疑われる場合、予測される当時のがんのステージから、数年後の生存率が低いのではないかと疑われる場合などは、仮に過失が認められても、救命できた可能性が高いとは言えないとして責任が否定されることも考えられます。

ただ、因果関係は認められないが、過失のみが認められる場合には、**慰謝料**の賠償請求が認められる場合もあります。

いずれにしても、問題となっている集団検診の写真を入手し、それを第三者の放射線科の医師や呼吸器科の医師に見せ、意見をもらう必要があります。

（羽賀千栄子）

＊1　東京地裁平成一八年四月二六日判決　＊2　名古屋地裁平成二一年一月三〇日判決

Q4

［検査］ 検査中の患者の状態管理

患者の検査を行っている医師には、どのような義務が認められるのでしょうか。また、検査中に患者の異常を発見した医師には、どのような義務が認められるのでしょうか。

検査とは、医師が、患者の症状を把握し、診断の基礎となる情報を収集する手段です。一口に検査といっても、尿検査や心電図、超音波検査など、患者に対してほとんど危険の生じるおそれのないものから、内視鏡検査やカテーテル検査のように患者の身体に対する侵襲の程度が大きいものや、組織の切除を伴う生検のような手術に近い検査まで、多種多様なものがあります。

検査が手術等の治療行為と大きく異なるのは、治療行為は、すでに認識された患者の疾患を治療するために行われるものであるのに対し、検査は、疾患がいまだ認識されていない、あるいは存在が疑わしいというレベルの患者の疾患を発見するために行われるものであるという点です。

したがって、検査は、手術等の治療行為と比べて、その時点で必ず行わなければならないという緊急性が低い場合が多いので、とくに、リスクの高い検査を行う場合に、医師は、検査中の患者の経過をより注意深く**観察する義務**、また、検査中の患者の状態に何らかの異常が見られた場合には、直ちに**検査を中止する義務**を負うものと考えられます。この場合の検査中止義務は、検査中の患者に何らかの異常が現れれば、その原因を具体的に特定できなくとも、直ちに中止すべき義務であると考えるべきです。なぜなら、検査には、前記のとおり、緊急性がない場合が多く、後に異常の原因が検査の実施と無関係と判明すれば、必要に応じてまた再検査を実施すればよいからです。

裁判例としては、**心臓カテーテル検査**中に患者の最高血圧が二五〇を超えて異常に上昇したのに、医師がニトログリセリンや降圧剤を投与したのみで、検査を中止しなかったために、患者が**脳浮腫**を発症し死亡したという事案で、「心臓カテーテル検査を実施する医師は、検査中に、患者に何らかの脳血管障害発生の兆候が生じた場合には、たとえ障害が何であるかを具体的に特定することができなくとも、検査を中止すべき注意義務を負うと解するのが相当である」と判示したもの[*1]、**脳血管造影検査**中に意識レベルの低下、四肢の脱力などの異常が認められたにもかかわらず、検査を中止しないで続行し、かつ血栓溶解剤であるウロキナーゼを投与したことにより、患者が脳出血で死亡した事案で、「担当医師には、CT検査等によって患者に生じた異常が脳梗塞によるものか脳出血によるものかを鑑別し、その上で（脳血管造影検査を中止する等した上で）治療方針を立てるべき注意義務があったものであり、（この義務を怠り）担当医師が、そのような鑑別を行わないまま、脳血管造影検査を中止しないで続行し、かつ二回にわたりウロキナーゼ合計四八万単位を投与したことは、全体として不法行為上の過失に当たる」と判示したもの[*2]などがあります。

（石丸　信）

＊1　東京地裁平成五年四月二七日判決　＊2　高松高裁平成一四年八月二九日判決

Q5

［検査］**検査での取り違え**

病院での検査の際に、他人のデータと取り違えられて、間違った診断をされてしまうことがあると聞きました。具体的にはどんな事例がありますか。病院側に責任を追及することができますか。

検査は患者の治療に直結するものであるため、**患者の取り違え**があったり、検査のデータが他人のものと取り違えられてしまったりすると、間違ったデータに基づいて本来必要のない手術を受けることになったり、逆に、必要な治療が受けられないために場合によっては死亡という最悪の結果を招いたりすることがあります。

最近では、①患者二人の検査報告書を**取り違え**、がんではない男性患者に前立腺の全摘出手術を行い、このミスに気づくまでの間、前立腺がんの男性患者に対しては適切な治療が行われなかった事例、②手術前の細胞診検査において、**検体の取り違え**により検体の一部に他の患者のものが混入してしまい、患者本人の検体はがん細胞陰性であったにもかかわらず、混入した検体ががん細胞陽性であったため、この検査では肺がんと診断された事例、③乳がん検診を受けた女性に対し、顕微鏡による組織検査を行う際、臨床検査技師が、検体を載せるスライドガラスに、乳がん患者の識別番号を誤って書き込んでいたため、その女性は、実際には乳がんではなかったにもかかわらず、手術によって左乳房をすべて切除した事例、などが発表・報道されました。また、検査の場面における取り違えではありませんが、患者を取り違えて手術した事例において、看護師、麻酔医、執刀医に**患者の同一性確認**を怠った過失があるとされ、有罪判決が下されたものもあります。[*1] この事例で、裁判所は、「患者の同一性確認は、手術すべき患者に適切な医療行為を行うための大前提であり、そのようなことをおろそかにして医療行為を行うということはかりそめにもあってはならない」と述べました。

患者の同一性確認の重要性は、手術時のみならず検査時にも当てはまるものであり、医師や看護師には、検査を受ける患者を取り違えたり、検査データに他人のデータが混入したりしないように注意する義務があります。病院側がこれらの義務に違反して患者や検体を取り違えた場合には、それにより生じた損害の賠償を請求することが考えられます。

判例の中には、定期健康診断において胸部レントゲン写真上に異常陰影があったのに、病院が別人の検査票に記入してしまったため、その患者の肺がんの発見が遅れてしまい、その結果患者が死亡したという事案で、病院側の過失を認めたものがあります。この判例は、検査当時に肺がんが発見されて、患者が外科的治療を受けていれば、平均余命まで生存することができた可能性が高かったと認め、患者が平均余命まで生存できたことを前提に逸失利益を算定しました。[*2]

（尾形繭子）

＊1　東京高裁平成一五年三月二五日判決　＊2　仙台地裁平成一八年一月二六日判決

Q6

［検査］造影剤による副作用

病院でCTなどの画像の検査を受けたのですが、造影剤を使った検査も受けた方がよいと勧められました。造影剤で副作用が出た場合、病院に賠償を求めることはできますか。

造影剤を使って行う画像診断のことを**造影検査**といい、代表的なものとして、消化管造影、造影CT、造影MRI、血管造影などがあります。造影剤は、組織の濃度を上昇させたりすることによって画像診断の精度を上げるために使われる薬剤で、消化管造影では硫酸バリウムなどが、造影CTや血管造影などではヨード造影剤などが、造影MRIではガドリニウムキレート剤などが使用されます。

医師から造影検査を勧められるケースとしては、CT検査を受けたところ、肺がんの疑いが強いなどと診断され、転移の有無などを確認するために、さらに造影CTをする必要があるなどといったケースが考えられ、患者としては、事実上、医師の勧めに従わざるを得ないことが多いのではないでしょうか。

しかしながら、多くの薬剤と同じように、造影剤にも**副作用**があります。例えば、前述のヨード造影剤には、発疹、吐き気などの軽い副作用が起こることがあり、稀に、呼吸困難などの重い副作用が起こることもあり、その結果、ごく稀なことではありますが、死亡に至ることもあります。

このため、医師は、造影検査を行うにあたって（患者の意識がなく、家族ともすぐに連絡をとることができないが、直ちに造影検査を行う必要があるというような緊急事態であれば別として）、**慎重に問診**を行わなければなりません。

したがって、医師が問診を怠ったまま造影剤を投与したというような場合や、問診の目的が理解できないような状態の患者に対して十分な問診を行わなかったために造影剤による副作用の発生を招いてしまったというような場合であれば、患者や遺族は、副作用による症状や後遺症の程度に応じて、医療機関に賠償を求めることができます[*1]。

なお、造影剤等の医薬品が適正に使用されたにもかかわらず、副作用によって健康被害が生じたときは、**医薬品医療機器総合機構**（Q29参照）という独立行政法人に申し出をして、医療費、年金などの給付が得られることがあります。

（榎園利浩）

＊1　東京地裁平成一五年四月二五日判決

Q7

［検査］**検査結果の共有（他科連携）**

主治医が放射線読影医の読影レポートを読んでいなかったため、重大な疾患を見逃したということを聞きましたが、なぜこのようなことが生じるのでしょうか。

平成三〇年六月以降、複数の医療機関で「CT**検査レポート**を主治医が見逃したことにより、早期に適切な治療を受けることができなくなったため、患者さんの死亡事故等につながった可能性がある」という報道が相次いでなされました。このようなことは従前から起きていたと考えられます。医療事故情報収集等事業報告書（第四〇回）によると「**画像診断報告書**の確認不足により治療の遅れが生じたケースは平成一七年以降（平成二六年まで）だけでも二六件ある」と報告されています。見逃しがあれば、主治医や医療機関は民事上の過失責任を問われる可能性があります。

電子カルテシステムが導入されたある程度の規模の医療機関においては、通常CT検査等がなされると、その画像が電子カルテに載せられて、その結果を放射線読影医がレポートにします。主治医は別に電子カルテにアクセスし、その結果を基に診断や治療をしますが、なぜこのような見逃しが起きるかについては幾つかの原因が指摘されています。まず、主治医は自分の専門については詳しいものの、専門外の疾患については放射線読影医ほどのデータの読み取りができない場合があります。そのため、主治医が、CT検査レポートを読まずにCT画像だけを見て判断すると、専門外の疾患の所見を見逃してしまうことがあります（例えば、産婦人科の主治医が子宮頸がんの患者のCTデータで肺がんの転移を見逃すなど）。検査レポートの作成には一定の時間がかかるため、レポートができる前に、主治医が画像だけを見て判断してしまうことや、主治医が検査レポートを見たものの、自身が検査の目的とした部位についての記述しか読んでおらず、別の部位について疾患の疑いが指摘されているのを読んでいないことなどが、見逃しの一因として報告されています。また、主治医と放射線読影医が別々に電子カルテにアクセスするだけで、放射線読影医と主治医に直接のコミュニケーションや連携がないと、放射線読影医のレポートが伝わらないことが起きます。

このような問題は、放射線科領域の検査だけでなく、病理検査や他科で実施した内視鏡検査等でも起こり得ます。これを解消するためには、**他科と連携**を図りながら**検査結果を適切に共有**するための体制作りが重要であり、これには検査医と主治医の緊密な連携の構築が含まれます。具体的な対策として、医療機関によっては、①検査の結果重大な疾患が疑われる場合に、検査医から主治医への連絡を義務づけるなど連絡を徹底する、②主治医が報告書に目を通したかがわかるよう、電子カルテの既読未読チェックシステムを作る、③診療情報室などのチェック機関を設けて、定期的に職員が医師に対し報告書を確認したか連絡を取る、などの方策が取られています。

（赤堀文信）

Q8

[診断] 心臓疾患の診断ミス

心臓疾患の診断ミスにはどのようなものがありますか。
また、どのような診断ミスで病院側の責任は認められていますか。

心臓疾患の症状は、必ずしも胸が痛いとか呼吸が苦しいとは限りません。その症状は背中やお腹の痛み、関節痛などに現れるため見逃されることも多く、その結果十分な検査を行わないままに他の診療科に移され、適切な治療がなされないことがあります。

裁判では、狭心症や心筋梗塞の見落としが問題になることがあります。**狭心症**とは、心筋に酸素を供給している冠動脈の異常による一過性の心筋の虚血症状であり、冠動脈が完全に閉塞または著しい狭窄が起こり、心筋が壊死してしまった場合には**心筋梗塞**に至ります。最高裁判所は、狭心症発作で上背部痛等を訴えて受診した患者に対し、急性膵炎と診断し、膵炎治療中に心不全で死亡したという事案について、問診によって既往症等を聞き出すとともに、血圧等の測定を行い、その結果や聴診、触診等によって狭心症、心筋梗塞等が疑われた場合には、さらに適切な検査を行って疾患の鑑別及び不整脈の監視を行うべきであったとし、病院側の過失を認めました。[*1]

また、**不整脈治療**に関する裁判例としては、不整脈治療中、**ペースメーカー植込み術**が延期される中で患者が死亡されたケースで、治療を早急に実施すべき状態にあったにもかかわらず植込み術が早期に行われなかったこと、及び早期に実施しない場合に一時的ペースメーカーの使用等をしなかったことについて、病院側の責任を認めたもの等があります。

心臓疾患に関する診断ミスは、心不全や心筋梗塞等による死亡など重篤な結果に結びつきます。裁判では、医師がそのような心臓疾患の危険性を念頭に置き、胸痛だけではない典型的な各疾患の症状から心臓疾患を疑い、必要な問診や検査等を行って確定診断を行い、早期に適切な治療方針の策定と実施につなげたか否かが問題になります。

（関哉直人）

＊1　最高裁平成一二年九月二二日判決

Q9

［診断］**脳血管障害の診断ミス**

脳血管障害による症状が見られるにもかかわらず、医師が診断を誤り、治療が遅れるなどして被害が生じた事案で、医師の注意義務違反を認めた裁判例にはどのようなものがありますか。

脳血管障害の代表的な障害は、脳梗塞、脳出血、くも膜下出血です。**脳梗塞**は、脳の血管が動脈硬化や栓子《せんし》（他の部位から流れてきた物質）によって塞がれることで、その先に血流が流れなくなり脳細胞が死んでしまうものです。脳の深部の細い血管が破裂して血腫ができるのが**脳出血**、脳にできた動脈瘤が破裂するなどして脳を包む三つの膜を構成しているくも膜と軟膜の間に出血がおこるのが**くも膜下出血**です。

医師は、前記のような障害の発生（もしくは発生の可能性）を示唆する危険因子を、患者の種々の症状（例えば顔面や手足のしびれ、激しい頭痛、意識障害等）から把握して、脳血管障害が疑われる場合には、その時点での医療水準を前提に、相当の検査（例えばＣＴ、ＭＲＩ等）を行い、検査結果をもとに適切に判断し、適切に処置を行うことが求められ、これらを怠れば、医師の注意義務違反が問題となります。

このような医師の義務違反を認めた最近の判例としては、①脳梗塞の前兆である**一過性脳虚血発作**を看過し適切な処置を講じなかった医師の注意義務違反を認定し、注意義務違反と脳梗塞の結果発生との間の因果関係は否定するも、適切な処置を講じれば脳梗塞の発症が回避されあるいは後遺障害の程度が軽減されて重大な後遺症が残らなかった**相当程度の可能性**があるとした事例[*1]、②CT画像から脳梗塞のアーリーCTサイン（早期虚血性変化）を読影可能であり脳梗塞の発症を鑑別する更なる検査を行うことが可能であったのにそれを行わなかった検査義務違反を認め、検査義務違反がなければ後遺症を軽減できた相当程度の可能性があるとした事例[*2]、③鑑定結果をもとに脳梗塞の発生を患者に右手のだるさを感じた時期と認定し、だるさを感じて一ヶ月後の初診の時点で、医師は中枢神経の障害を疑い適切な検査を早期に実施すれば脳梗塞の発見可能性があり、その時点で脳梗塞の薬物療法及びリハビリを始めていれば後遺障害を相当程度回避することができたとした事例[*3]、④担当医が脳卒中の非専門医であったとしても、一過性脳虚血発作を看過し適切な治療をしなかったため脳梗塞を罹患した事案について、当時の医学的知見、診断基準からすれば、患者を問診し診断基準に該当すれば前記発作と診断しまたはこれを強く疑ってその後の診断に臨むべきであったとした事例[*4]等があります。

（阿部信一郎）

＊1　東京地裁平成二五年一二月二五日判決（参照最高裁平成一五年一一月一一日判決）
＊2　大阪地裁平成二八年三月八日判決　＊3　大阪地裁平成九年四月三〇日判決
＊4　福岡地裁平成二四年三月二七日判決

Q10

[診断] 消化器疾患の診断ミス

夫は先週激しい腹痛のため近くの総合病院へ入院しました。医師は浣腸したり鎮痛剤を投与したりしましたが、夫は翌日死亡しました。解剖の結果、直腸が穿孔していました。医療過誤の責任を問えますか。

激しい腹痛を主訴とする疾患群を**急性腹症**と言います。急性腹症で患者が医療機関を受診した場合、医師は**緊急開腹手術**の要否を念頭に置いて検査・診断を進めていかねばなりません。[*2] あなたの夫の場合、短時間で死亡していることから、受診当初から直腸が穿孔していた可能性もあります。その場合は勿論開腹手術が第一選択となります。

本件では、医師は胸腹部X線撮影などをしていると思われますが、画像上穿孔が疑われなかったのでしょうか。穿孔すると、腸管からガスが漏れているのがX線写真上認められる（free air）場合も多いですが、穿孔の場所によっては必ずしも画像に現れないこともあります。

そのほかに医師は、体温・血圧・脈拍の測定と血液検査や尿検査などの検査を進める一方で、腹部の視診や触診などの基本的診断手技が重要となります。[*1] 触診により、圧痛、反動痛（ブルンベルグ徴候、手で腹壁を静かに圧迫してゆき、急に手を離したとき局所に著明な疼痛を訴える場合）、筋性防御（腹腔内に炎症病変があり、その炎症性刺激が腹壁腹膜に及ぶと、肋間神経、腰神経などを介して罹患部位に相応して腹壁筋肉の緊張が亢進し、その部位を圧迫すると、腹筋が急に収縮して抵抗性の硬さを感じること）、腹壁緊張、板状硬などの腹膜刺激所見がある場合には、全身状態を考慮に入れ、緊急開腹手術を行わなければなりません[*1、*2]。**消化管穿孔**による**細菌性腹膜炎**が疑われる場合には、開腹手術を行わない限り、敗血症、ショック、あるいは死亡へと繋がります。ただし、触診により取れる所見は医師の経験に負う所が大きく、また、患者の体格により所見が取りづらい場合があります。血液検査も**CRP値**の上昇や白血球値の異常な減少や増加によっても腹膜炎が疑われ、やはり開腹手術の要否が問われますが、これらの数値も全ての症例で目立って上昇あるいは減少するとは限りません。

したがって、場合によっては医師が消化管穿孔や腹膜炎を疑わなくても過失が問えない場合もあります。大事なことは、カルテや画像を入手して、現実に患者にどのような症状が現れていたかを調査することです。そのうえで医師が直腸穿孔やそれに基づく汎発性腹膜炎を疑うべきだったか否かを第三者の専門医に判断してもらうことです。

（羽賀千栄子）

＊1　東京地裁平成七年三月二三日判決　＊2　東京地裁平成一五年三月一二日判決

Q11

［診断］子どもの病気に関連する診断ミス

医師が子どもの病気を適切に診断しなかったために、必要な検査を受けられなかったり、効かない薬を処方されたりすることがあると聞きました。このような診断ミスについて、医療機関の責任が認められた事例はありますか。

子どもは、具合が悪いと感じても、自分の症状を医師等の大人に的確に説明することができません。そのため、日頃から子どもの様子に注意を払っている大人が付き添って、子どもの様子を的確に医師に伝える必要があります。周囲の大人がこうした注意を払っていても、時には医師の診断ミスを招いてしまうことがあります。判例の中には、腹痛を訴え病院に救急搬送されたところ急性胃腸炎と診断された小児（当時八歳）が、入院翌日に**絞扼性イレウス**[*1]で死亡したという事案において、病院側の損害賠償責任が問題となったものがあります。本事例において、裁判所は、当該小児を急性胃腸炎と診断した後も容態は改善せず、イレウスを疑わせる所見もあったため、被告病院の医師らには、当該小児に対し、腹部レントゲン検査、ＣＴ検査及び腹部超音波検査を実施すべき注意義務があったとし、急性胃腸炎の診断を見直すことなく、これらの検査を施行しなかった医師には前記注意義務に違反する過失があったと判断した上で、これらの検査を行い、適切な処置をしていれば、救命できた高度の蓋然性があるとして、病院側の責任を認めました。

また、乳幼児の一ヶ月検診において、全身けいれん、後弓反張の症状が見られたにもかかわらず、入院先病院の医師が**単純ヘルペスウィルス脳炎**の可能性を疑わず、その治療薬を投与しなかったため、体幹機能障害の後遺症を負わせたという事案において、病院側の責任が問題となった事例もあります。[*2] 本事例において、裁判所は、「医師が痙攣の原因を、ウィルス性髄膜炎、てんかん、代謝異常による肝機能障害の合併ではないかと推測したこと自体に誤りはないものの、その原因としては、ウィルス性髄膜炎のほかにも、結果が重篤でしかも治療薬の存在する単純ヘルペスウィルス脳炎についてその疑いがあるのか否かについて十分注意をする必要があった」とした上で、単純ヘルペスウィルス脳炎を疑わず、その治療薬であるアシクロビルの使用をしなかった医師について注意義務違反を認め、病院側の責任を肯定しました。

医師の診察を受けても子どもの具合が良くならず、医師の診断に不安がある場合には、他の病院に**セカンドオピニオン**を求めるのも一つの方法でしょう。複数の専門家の意見を聞くことで、より適した治療法がみつかることもあります。また、診断ミスを防ぐためには、**かかりつけ医**を探しておくのも効果的です。かかりつけ医であれば、子どもの発育状態や病歴を把握しており、病気になったときにも的確な診断をすることができます。診断ミスを防ぐというだけでなく、何か子どもに異変を感じたときにすぐに相談できるかかりつけ医があると心強いでしょう。

（尾形繭子）

＊1　横浜地裁平成二一年一〇月一四日判決　＊2　名古屋高裁平成一八年一月三〇日判決

Q12

［診断］異物の見落とし

子どもが咳をし始めたので病院に行ったところ、気管支炎と診断されたのですが、後に、祖父の晩酌用の枝豆を食べて、その欠片が気管支に詰まっていたとわかりました。診断ミスではないですか。

小さな子どもが、アーモンドのような豆類やおもちゃの部品を飲み込んだり、高齢者が、カマボコのような噛み砕きにくい食べ物を飲み込んだりして、気道（口腔から気管支に至るまで）に詰まらせてしまうことは、まれなことではありません。

それでも、そのような事態に至るまでの経過がまったくわからなかったり、それまでに、かぜのような症状があったりした場合は、気道に異物があることが見過ごされ、気管支炎や気管支喘息などと誤診されてしまうことも、起こり得ることです。また、気道に詰まった異物の種類によっては、単純X線検査やCT検査をしても写りにくいことがあり、他の検査でようやく判明するということもあり得ます。このために、実際に、長期間、食欲不振が続いて体重が減ったり、異物が原因で炎症が起こって発熱が続いた、などといった経過を経た後に、ようやく異物の存在が判明することがありますし、不幸にして発見が遅れ、死亡に至ることもあり得ます。

したがって、異物を見過ごし、すぐに取り除かなかったからといって、そのことから直ちに、医療機関に、違法といえる程度の診断ミスがあったということはできません。やや特殊な事例ですが、折れた割りばしが頭蓋内にとどまっていたことを医師が見落とした事例について、裁判所は、医師が、慎重な問診によって、得ることができたであろう全ての情報を得ていたとしても、頭蓋内損傷を具体的に予見することは不可能であり、CT等画像検査を行うべき注意義務を基礎付けることはできないと判断しました。[*1]

もっとも、医師が、患者本人や、診察に付き添った家族などに対して**十分な問診を行っていなかった**とか、問診を行った結果、異物の存在を疑わせるような出来事を聴き取ることができていたのに、医師が**十分な検査を行わなかった**というような場合であれば、一般的には、違法といえる程度の診断ミスがあったといえるでしょうし、そのことによって、肺炎などの合併症や後遺症が生じたときは、それらについても、医療機関の責任が認められることになります。

（榎園利浩）

＊1　東京高裁平成二一年四月一五日判決

Q13

[診断] 他の診療科目との相談を怠った

私は三年前に左乳房に固いものを感じ、近くの産婦人科医院に行ったところ、その医師は触診し、心配ないといいました。しかし最近、私は乳がんで、転移もあると診断されました。産婦人科医に責任はないでしょうか。

あなたは女性特有の疾患だから、と考えて産婦人科を受診されたのかもしれませんが、**乳がん**の診断は外科が専門です。近頃は外科から独立させて、乳腺専門外来をもっている病院も増えてきました。

しかし実際は、あなたのように産婦人科や違う科へ行ってしまう人も多いのです。そうした場合、医師の方で専門家でなければ、他科へ回さなければなりません。そもそも、**乳がんと良性の腫瘤の区別は難しく**、どんなに熟練した医師であっても、触診だけで「乳がんではない」とは診断できません。

乳がんか否かの診断が専門医でなければできないというわけではありませんが、患者が腫瘤の存在を訴えているのに触診のみで診断できるとの知見はなく、**超音波検査、マンモグラフィー撮影、**

さらには細胞診や組織診が必要な場合も生じます。そのような診断手順を踏まずに、あるいは専門医に紹介せずに、「だいじょうぶ」と、患者を安心させてしまい、転移するまでにがんを進行させた医師の責任は大きいと思います。

裁判例でも脳神経外科医についてですが、患者の症状や治療方針について、自己の知識や専門範囲を超えるものと判断したときは、他科の医師に積極的に情報を提供し、これと協力するなどして治療にあたるべきと判示されています。[*2]

本件は総合病院ではありませんから、その産婦人科医師はあなたを専門医のいる病院に紹介すべきであったといえます。

下級審判例ではほかに、左腕をガラス戸に突っ込み怪我をした患者が外科で処置を受けたが、のちに腕に機能障害が残ったケースについて、外科医に対してはある時点で整形外科を受診させるべきであったと判示している例、[*3]病室で転倒して胸椎骨折した患者について、主治医の内科医は整形外科医に診療を委ねるべきであったと判示している例もあります。[*1]

（羽賀千栄子）

＊1　熊本地裁平成八年一一月二五日判決　＊2　福岡高裁平成一三年八月三〇日判決
＊3　名古屋地裁平成一五年九月二五日判決

Q14

［手術］**手術部位を間違えた**

手術の際、医師が手術部位を間違えるということはあるのでしょうか。
その際、医師にはどのような法的責任が発生するのでしょうか。

医師が手術部位を間違えて手術をするということは、通常、予想できないことですが、残念ながら現に発生しています。

例えば、一一歳の急性虫垂炎の患者に対して虫垂を切除するに際し、大腸壁の一部位を虫垂であると誤認して切除し、大腸壁の一部を欠損させ、そのことに気づかないまま手術を終えた結果、患者に汎発性腹膜炎を発症させ、手術日から四日後に死亡させたという医療過誤事件があります。[*1]

この医療過誤事件の刑事裁判では、触知した大腸壁の部位を手術のために切開した場所に引き寄せ視野にいれながら虫垂と誤認したこと、大腸壁を剥離した結果、長さ約五センチメートル、幅約二・五センチメートル相当の大腸壁欠損を生じさせたのにこれを看過したこと、及び切除した大腸壁を確認することなく遺棄したことを指摘し、これら過誤は医師が手術に際し必要な注意力の緊張を著しく欠いた結果発生したものであると、医師を厳しく批判しています。

また、市立大学医学部附属病院で、病棟看護師が病棟から心臓手術を予定していた患者（当時七四歳、男性）と肺手術を予定していた患者（当時八四歳、男性）を手術室交換ホールまで一人で搬送し、手術室看護師に引き渡した際、手術室看護師が患者の名前を取り違えたことに気がつかないまま手術室に運んだ結果、手術室にいた麻酔医、執刀医も患者の取り違えに気がつかず、心臓手術を予定していた患者に肺手術を、肺手術を予定していた患者に心臓手術を実施し、その結果、心臓手術を予定していた患者には右側胸部切創、右肺嚢胞一部切除縫縮、右第五肋骨欠損等の傷害を、肺手術を予定していた患者に胸骨正中切開、心臓僧帽弁輪形成等の傷害を負わせたという医療過誤事件もあります。[*2]

手術部位を間違えて手術し、患者に死亡、または傷害という結果を負わせた以上、医師に民事上の損害賠償責任が発生するのは当然のことです。手術部位の間違いという重大な過失があり、被害結果が大きい場合には、さらに、医師には刑事責任も発生します。虫垂炎の事案では、医師に禁錮一年（執行猶予四年）の判決の言い渡しがありました。患者取り違えの事案では、手術室看護師に禁錮一年（執行猶予三年）、病棟看護師、執刀医、麻酔医に罰金刑の言い渡しがありました。

（伊藤　皓）

＊1　宮崎地裁延岡支部昭和五五年八月二七日判決　＊2　横浜地裁平成一三年九月二〇日判決

Q15

［手術］手術中の血管損傷が原因で失血死

息子が、カテーテルを挿入された結果、血管を損傷したらしく、出血性ショックによって死亡しました。医師の責任を問うことはできませんか。

カテーテルは、心臓の造影剤検査や心臓、脳血管等の血管内治療に用いられたりします。この場合、血管内にカテーテルという異物を挿入することで、血管を損傷することも起こり得るため、合併症として血管損傷があげられており、そこから出血性ショックを起こし、死亡につながる危険も孕む施術です。そのため、この種の事案では、施術について、その適応があるのかどうか、術前の説明義務が尽くされていたかどうかが問題とされることもあります。

施術の適応があるかどうかについては、施術に関する適応ガイドラインにおいて、禁忌とされているかどうかなどで判断されます。

多くの裁判例では、適応を欠くと判断したり、説明義務の違反があったとしておりませんが、冠動脈の狭窄病変治療のため、**経皮的冠動脈形成術**[*1]（**ＰＴＣＡ**）を実施したところ、動脈破裂に起因する急性心筋梗塞により患者が死亡したという事案では、禁忌に該当するもので適応を欠くものであったと判断されています。また、PTCAの具体的な危険性や他の治療法の利点について何ら説明しなかった等の事情から説明義務違反を認めています。

カテーテルの挿入の手技により血管を損傷し、その結果、出血性ショックを起こして死亡に至った場合、血管損傷を生じたこと、あるいは、損傷後の措置について、医師に故意、過失が認められるときには、医師ないし医療機関に損害賠償が認められます。

血管損傷がカテーテル挿入という手技の結果によるものかについても争われる場合がありますが、血管の脆弱化の有無、カテーテルを挿入した部位、出血箇所、その相関関係、出血時期とカテーテル挿入の時期の近接性などから判断されます。

血管を損傷したことについての過失が認められた例としては、過度の力を加えて血管を損傷しないよう慎重に操作すべき義務に違反したとした例[*2]、血管造影を行うなどして、血管の走行を的確に把握し、血管内膜の損傷を生じさせないよう手技を行うべき義務に違反したとした例[*3]等があります。

血管を損傷したことについて過失が認められない場合でも、損傷後の措置について過失が認められる場合もあります。例えば、狭心症治療のためPTCAを実施した際、腎臓の動脈を損傷したことについての過失を否定しながら、腎周囲の出血を尿漏れによる尿と断定し、出血を見落とした過失があると判断した例[*4]があります。

（荒木昭彦）

＊1　東京地裁平成一六年二月二三日判決　＊2　名古屋地裁平成一八年三月三〇日判決
＊3　甲府地裁平成一七年一〇月一一日判決　＊4　松江地裁平成一四年九月四日判決

Q16

［手術］**内視鏡手術による事故**

内視鏡手術により穿孔が生じた場合、医師にはどのような責任が認められるでしょうか。

内視鏡手術とは、血管や体腔内、消化管あるいは気道などにカメラを入れ、テレビモニターを見ながら行う手術をいいます。ポリープ切除、早期胃がん・大腸がんなどの治療、あるいは腹腔鏡や胸腔鏡により行われる一般外科手術などが代表的です。

内視鏡手術は、一般的に患者に与える**侵襲が少ない**ので、痛みが少ない、回復が早いため入院期間も短く済む、傷跡が残りにくいなどの利点がある反面、手術を行う医師が直接治療部位をみることができず、限られた視野の中で限られた道具を間接的に操作するため、**高度な技術**を要します。最近では、二〇一〇年から二〇一四年の間に群馬大学病院において、腹腔鏡による肝臓切除手術を受けた患者八名が相次いで死亡していた事件が大きく報道されました。内視鏡手術による事故の代表例が、**穿孔**《せんこう》です。穿孔とは、臓器や血管などに孔があいてしまうことをいいます。穿孔は、医師による内視鏡の誤操作などにより、臓器や血管に外傷が生じることにより起こります。臓器が穿孔されると、消化液などの臓器の内容物が体腔内に広がり、放っておくと腹膜炎などのきわめて重篤な事態が生じるため、直ちに開腹手術を行って穿孔部を閉鎖しなければなりません。血管が穿孔された場合には、当然当該部位から出血しますから、早急に止血措置をとる必要があります。

内視鏡手術に関し、訴訟でよく問題となる争点としては、①**手術の危険性に関する説明義務違反**、②**手術術式選択の過誤**、③**手技の過誤**、④**術後管理の過誤**があります。①の説明義務違反については、医師は、その時点での医療水準に照らし相当な範囲で、他の術式の存在も含めて患者が自己決定できる程度に手術の必要性、危険性等を説明する義務があります。②の術式選択の過誤については、患者の症状や、病巣の部位・程度及びそれらから判断される手術の必要性・緊急性と、具体的に当該部位に対する内視鏡手術の危険性ないし困難性とを比較して、内視鏡手術を行うことが本当に適切であったかが問題となります。③の手技の過誤については、内視鏡手術はそもそも潜在的に危険を伴う手術であるため、穿孔が発生したからといって直ちに医師の手技の過誤とは判断されないことがあることに注意が必要です。④の術後管理については、一般的に、ポリープの切除等を行うと、患部の組織が脆弱になり、術後に穿孔が生じることがあるため、医師は、術後に患者が入院している場合はもちろん、患者を手術当日に帰宅させる場合にも、穿孔の発生する可能性を十分に認識し、患者に対して、生活上の注意をして予後に万全の注意を払う義務があるといえます。

なお、内視鏡手術は、録画されて記録が残っている場合もありますから、事故が疑われる場合は、病院側にＤＶＤ等の開示を求めることが必須です。

（石丸　信）

Q17

［手術］**縫合不全**

夫が早期大腸がんの手術後、縫合不全が原因で腹膜炎を発症し、死亡しました。術前には簡単な手術と説明を受けていたので、納得できません。医師に過失はありませんか。

縫合《ほうごう》とは、手術による組織の損傷を縫い合わせることをいい、**縫合不全**とは、いまだ共通の定義はありませんが、一般的には、手術で縫合した部分の癒合が十分でないため、縫合部の全部または一部が開いてしまうものをいいます。縫合不全は、手術の術後に望まない不都合な状況が発生するいわゆる「手術後合併症」の一つです。縫合不全が起こると、消化器の場合、その隙間から内容物が漏れ出て炎症がおこり（腹膜炎）、お腹の中に膿の溜まりができたりします（腹腔内膿瘍）。

縫合不全の原因としては、いろいろなものが考えられますが、大別して、**全身的要因**と、**局所的要因**があります。全身的要因には、①低栄養、②低酸素血症、③代謝障害、④感染などがあり、局所的要因には、①血行障害、②過緊張、③縫合不全手技上の過失などがあります。

縫合不全は、重篤な結果を招く危険性の高いものですが、**完全な予防はできず、早期発見が重要**になります。医師は、縫合不全が疑われる症状（発熱・腹痛・頻脈等全身状態の変化、ドレーン排液の増加・混濁等の変化、白血球・CRP値の上昇等）が認められる場合、速やかに必要な検査を行って、縫合不全の有無などの確認に努めるべきです。

縫合不全に関する医師の過失で、争点となるのは、**手術手技上の過失の有無**、**手術後管理の過失の有無**です。医師の縫合不全の過失が推認された裁判例[*1]、医師の過失を認めた裁判例[*2、*3、*4]などがありますが、前述したように、縫合不全の原因としては、様々なものがあり、縫合不全がすべて、医師の手術手技上の過失によるものではありません。手術後管理の過失に関する事案には、医師などの過失を認める裁判例[*5、*6]、過失を認めなかった裁判例[*7]などがあります。

本件においても、医師の過失を判断する上で、カルテなどの医療記録の検討は、不可欠のものとなりますので、弁護士などの専門家に相談するのがよいでしょう。

（飯田正剛）

＊1 東京地裁平成七年九月一八日判決　＊2 大阪地裁平成一五年三月三一日判決
＊3 東京高裁平成九年一月二九日判決　＊4 高松高裁平成二二年二月二五日判決
＊5 京都地裁平成四年一〇月三〇日判決　＊6 大阪地裁平成一一年二月二五日判決
＊7 大阪地裁平成二年三月二九日判決

Q18

[手術] 未破裂動脈瘤クリッピング手術による脳梗塞

夫は脳ドックで脳動脈瘤がみつかり、破裂すると怖いので一ヶ月前に大学病院でクリッピング手術を受けました。しかし、手術後脳梗塞になり、意識不明状態が約一ヶ月続き、昨日死亡しました。これは医療過誤なのでしょうか。

裁判例を見ますと、**クリッピング手術**の際の手技ミス、術後**脳梗塞**になった後の治療が不適切であったなどの点を遺族が訴えて裁判になっているケースがいくつか見られます。

脳動脈瘤を先天的に持っている人は珍しくなく、その大きさにもよりますが、破裂の可能性は年間一〜六％とされています。しかし破裂してくも膜下出血を起こすと致死率も高いので、予め予防のために脳動脈瘤の頸部にクリップをかけ、血液が流入しないようにする手術が行われることもあります。手術適応の有無は将来脳動脈瘤が破裂する危険性がどの程度あるか、その未破裂脳動脈瘤が無症候性か否か、クリッピング手術の危険性はどの程度あるかなどを考慮して決められます。

確かにクリッピング手術が成功すれば、脳動脈瘤が破裂して、くも膜下出血になることは避けられますが、本件患者のように手術により新たな障害が発生する可能性もあるのです。

手技ミスの場合、テンポラリークリップ（クリッピング操作のために血流を止める目的で一時的にかけるクリップ）による血流遮断時間が長すぎた例、動脈瘤の頸部の正確な確認がされないままクリッピングが行われ、脳動脈瘤の存在する血管そのものにかけてしまった例などが裁判例に見られます。[*1、*2] これらはいずれも術後の脳梗塞の原因となります。

判例では、クリッピング後にクリッピングの状態を確認し、ドップラー血流計によって血流を確認すべきであったのに実施していないことから、[*2]過失を認めているものがあります。

前記の事実関係の精査は、カルテ等を入手して行います。

まず患者の死亡時の状態を明らかにするために、**病理解剖**を希望しましょう。そして、**文書開示請求**や**証拠保全手続**によりカルテ等患者に関する書類一式とレントゲンやＣＴ、ＭＲＩ等の画像一式の入手をしなければなりません。また最近は**術中ビデオ**を撮影している場合も多いので、術中に事故があった場合は大変参考になりますから、それも入手しておくようにしてください。

（羽賀千栄子）

＊1　名古屋高裁平成二一年一二月二四日判決　＊2　名古屋地裁平成二三年二月一八日判決

Q19

［手術に関連する事故］**麻酔による事故**

麻酔による事故にはどのようなものがありますか。事故が生じた場合、病院や医師に対して責任を追及することができますか。

麻酔は、人体の生理的機能に直接影響を与えるものであるために、事故が起きると、死亡や重大な後遺症などにつながりやすいという特徴があります。

麻酔による事故には様々なケースがありますが、一つには、麻酔の過剰投与や投与箇所の過誤など、麻酔行為自体に問題があり、呼吸や循環状態の悪化が引き起こされる場合があります。この場合、適切な用量や手技に基づいて麻酔がなされたかが問題になります。全身麻酔と局所麻酔の併用による手術を受けた患者が、手術中に麻酔の影響により血圧が急激に低下し、引き続き生じた心停止が原因となって死亡したという事例において、最高裁は、投与量を適切に調整しても患者の死亡という結果を避けられなかったというような事情がうかがわれない以上、麻酔科医には患者の年齢や全身状態に則して各麻酔薬の投与量を調整すべき注意義務を怠った過失があるとしました。[*1]

全身麻酔の場合には、麻酔機器の調整が正しく行われていないと、患者の呼吸に支障が生じ、その状態が続けば死亡につながることもあります。また、全身麻酔では患者の舌根が沈下するなどして気道が閉塞し、患者の肺に空気が送り込まれなくなることもあり、その状態が続けば心停止や死亡を招くこともあります。そのため、医師は、機器が正しく調整されているかを確認するとともに、麻酔後の患者の状態を観察し、急変に適切に対処することが求められます。

局所麻酔で起こり得る事故としては、**腰椎麻酔（脊椎麻酔）ショック**があげられます。これは、麻酔の影響により血圧が段階的に下がり、脳への血流が減少して脳中枢が低酸素症に陥り、呼吸抑制・呼吸停止となり、ついには心停止にまで至るショック状態を言います。

また、麻酔薬が**アナフィラキシーショック**や**麻酔薬中毒**等を引き起こす場合もあります。

腰椎麻酔ショックやアナフィラキシーショック等は、麻酔行為自体には問題がなくても、一定の確率で起こるものといわれています。そのため、医師は、これらが起きる可能性があることを念頭において、患者の呼吸状態や循環状態をよく観察し、急変に適切に対応することが求められます。医師がこれらの対応を怠り、それにより悪しき結果が生じた場合には、病院側に責任が生じます。

その他、麻酔により神経損傷や感染を生じさせるケースもあり、この場合は、医師の手技が妥当であったか、感染後の対応は適切であったかなどが問題になります。

なお、病院側に過失がない場合であったとしても、悪性高熱症（発熱と筋硬直等を特徴とし、死亡する危険もある）など、死亡や後遺症による損害が**医薬品副作用被害救済制度**の対象になる場合もありますので、そちらはQ29をご参照ください。

（尾形繭子）

＊1　最高裁平成二一年三月二七日判決

Q20

［手術に関連する事故］**術後の深部静脈血栓形成による肺塞栓による死亡**

姉が美容外科で大腿部の脂肪吸引手術を受けた一週間後に自宅で急死しました。司法解剖の結果、死因は大腿部の深部静脈血栓に由来する肺血栓塞栓症でした。脂肪吸引手術のせいだとすれば、損害賠償請求できますか。

足の手術などの後、**深部静脈血栓**が形成される場合があります。一般的に術後寝たきりの状態が続いたりすると発症する可能性が高くなるので、現在、外科手術の際にはこうした合併症が起こらないように患者に前もって**弾性ストッキング**をはかせたり、**間欠的空気圧迫法**と言って、下肢をマッサージする機械を装着させる病院もあります。また早期離床により予防する努力もなされるのが一般です。

しかし、これらの予防法を全て行ったとしても、患者の体質や服用している薬のせいで、血液が固まり易かったりすると、術後の深部静脈血栓が合併症として発症することがあります。従って、術後に深部静脈血栓が発症したこと自体に基づき、美容外科医の過失を問うことはできない場合もあります。

しかし、本件患者の場合、一週間かけて深部静脈血栓症から**肺血栓塞栓症**へ病状が進み、死亡しています。この場合、肺血栓塞栓症は、下肢にできた血栓が成長し、それがちぎれて飛んで肺の血管に詰まったものと考えられます。従って、深部静脈血栓症にとどまる時点で血栓溶解剤の投与などの治療を受けていれば、肺血栓塞栓症にまで進展することが避けられた可能性があります。また、肺血栓塞栓症にまで進行した後であっても、**抗凝固療法**などで容態の悪化を防げた可能性があります。

ただし、前記の診断と治療は、小さい美容外科クリニックでは難しいので、異常を認めた医師は適時に高度医療施設に患者を転送しなければなりません。

そこで問題になるのが、術後の経過観察がどの程度行われていたか、また観察の結果、患者の下肢に下肢痛や腫れなどの、深部静脈血栓の発症を疑わせる症状が生じていたか、ということです。これらは、カルテを入手しないと確認できません。カルテを元に検討した結果、客観的に深部静脈血栓が疑われる症状を発症していた場合、あるいは、いい加減なクリニックに見られるように、そもそも術後の経過観察をしていない場合などは、損害賠償請求の対象になる場合が多いと思われます。[*1]

（羽賀千栄子）

*1　東京地裁平成一四年二月二八日判決（上告棄却及び上告不受理により確定）

Q21

［手術に関連する事故］**術後肺炎による死亡**

父が旅行先の病院で腸の開腹手術を受け、一旦退院した後、具合が悪くなり、近所の病院に入院したところ、肺炎に罹っており、亡くなりました。旅行先の病院に責任はないでしょうか。

胸部の手術や開腹手術などの大がかりな手術が行われた場合、手術自体は成功したとしても、鎮静薬の影響や痛みなどが原因で、患者の呼吸や喀痰が不十分となってしまうことは、しばしば起こります。このため、分泌物をうまく吐き出すことができずに気道が詰まってしまい、その先の肺の一部が空気の入らない状態となったり（無気肺）、口の中の物や胃の内容物が逆流し、気道に入ってしまい（誤嚥）、肺炎となってしまうことがあり得ます。呼吸を助けるために口などから挿入される管（気管内挿管）を介して細菌に感染してしまったりということが原因となることもあります。そのような経過を辿った肺炎は、一般に、**術後肺炎**といわれ、適切な治療が行われなければ重い後遺症や死を招くこともありますので、手術後の合併症として最も注意すべきものの一つと考えられています。

このため、大がかりな手術が行われた場合は、手術自体が成功したとしても、医師や看護師は、

術後肺炎の予防に努めなければなりません。具体的には、患者の発熱の有無や、呼吸状態などを慎重に観察することになります。そのような観察の結果、術後肺炎が疑われた場合には、血液検査、X線検査による診断を行って、炎症の原因となった細菌を特定し、その細菌を叩く効果のある抗生物質の投与などといった治療を行わなければなりません。

したがって、(術後に肺炎になったからといって、直ちに医療機関に責任が生じるわけではありませんが)十分な観察を行わずに肺炎を見過ごしたために治療が長引いたというような場合は、そのことについて、医療機関に責任が認められるでしょうし、適切な時期に肺炎を疑い、何らかの治療を行ったものの、それが適切なものでなかったために後遺症が残ったというような場合であれば、後遺症について医療機関に賠償責任が認められるでしょう。

本件でも、例えば、旅行先の病院が、肺炎の症状があったのに、これを見過ごして安易に退院を認めてしまったために、症状が悪化してしまい、その後近所の病院ではそれなりの治療が行われたものの肺炎で亡くなってしまったということであれば、死亡結果についてまで、旅行先の病院に責任が認められることがあり得ます。

(榎園利浩)

Q22

［手術に関連する事故］**術後感染・術後出血**

手術後の感染や出血について、医師の注意義務違反を認めた裁判例にはどのようなものがあるでしょうか。

手術が成功しても、術後管理を適正になすべきという医師の注意義務が存続することは言うまでもありません。術後管理に関する医師の注意義務違反が認められた裁判例は多数あります。その中から、MRSA（各種抗生物質に耐性を示す黄色ブドウ球菌）の**術後感染**、及び**術後出血**についての裁判例を紹介します。

MRSAの術後感染には、MRSAに感染したこと自体に医師の注意義務違反が認められる場合と、MRSA感染に対する治療に医師の注意義務違反が認められる場合とがあります。前者の場合として、脳腫瘍摘出手術後に化膿性髄膜炎に罹患し約二ヶ月後に死亡した事案において、手術部位からの髄液漏れに対して看護師がガーゼ交換をする際に十分に手指の消毒をせず、ドアノブやベッドの器具を触ったままの手でガーゼ交換したことにより、MRSAを感染させたとして病院の責任を認めた裁判例があります。[*1]

後者の場合として、妊婦が帝王切開で出産後に心停止から低酸素脳症が発症して重度の後遺障害が残った事案において、帝王切開後三日目にはMRSA感染を認識できたこと、帝王切開後の三日間、高熱、CRPの上昇、呼吸機能の低下、肝機能及び腎機能の軽度の低下等、感染症を疑わせる症状が見られたことを理由に、帝王切開後三日目にはバンコマイシンを投与すべきであったにもかかわらずそれより三日遅れてバンコマイシンを投与したことに医師の注意義務違反を認めた裁判例があります。*2

次に、術後出血についての裁判例を見てみます。手術後、多量の出血があると、**出血性ショック**、すなわち、全身の器官や組織に酸素を十分に含む血液を流し込むことのできない循環不全の状態になり、死亡という最悪の結果を招くことがあります。ちなみに、全血液量の二〇パーセント以上（成人体重五〇キログラムで約一リットル以上）の出血があるとショック状態になると言われています。術後出血については、肝がん治療のため肝部分切除術及び胆のう摘出術を受けた患者が術後出血を生じ、腎不全及び肝不全により死亡した事案において、術後に血圧低下、頻脈、尿量減少という循環血液量の減少を示す所見等があったことから、医師としては、術後出血を疑い、早期に再開腹をして止血術を実施すべきであるのに、それが九時間余り遅れた過失により患者の救命ができなかったと判示した裁判例があります。*3

（伊藤　皓）

＊1　大阪地裁平成一三年一〇月三〇日判決　＊2　東京地裁平成一五年一〇月七日判決
＊3　大阪地裁平成一五年九月二九日判決

Q23

［投薬］**薬の取り違え**

薬で血圧をコントロールしていますが、いつもと外形が違う薬を渡されました。おかしいと思って確認したところ薬剤師が薬を取り違えたのです。こんなことがあるのでしょうか。

薬の取り違えは、薬品名や外形が類似していたことなどちょっとしたことが原因でおこってしまいます。しかし、結果は重大です。例えば、血圧をコントロールしている妊娠中の子宮内膜症の患者に、医師の処方箋に記載のない抗がん剤が手渡されて服用したことから、出生した子に重い障害が生じた例や、高血圧治療薬を一日六錠処方されていた人に血圧降下剤が処方されて、気づかずに二日続けて服用したことが原因で植物状態になった例があります。薬剤の取り違えは、一歩間違えば死に至る事故につながります。このような薬の取り違えを防止するために日本薬剤師会は平成一三年四月に調剤事故防止マニュアルを出しています。その中には薬品棚の配置や、医薬品の配列の順序に一定のルールを作る、類似した薬品は隣接する薬品棚におかない、類似した薬品棚には識別しやすいような色、印、線をつけておく等のことが書かれています。マニュアルをもとに、新任薬剤師のための調剤事故防止テキストも出版されています。

平成二六年一一月制定の**医薬品、医療機器等の品質、有効性及び安全性の確保等に関する法律（医薬品医療機器等法）**は、医師、薬剤師等の医薬関係者に対して、医薬品の安全使用の体制確保、適正な使用に関する適切な情報の提供等に努めなければならない旨定めました。

厚生労働省も、取り違えることによるリスクの高い医薬品に関する安全対策として「処方点検や調剤時、病棟への供給時に注意を要する薬品」の名称を病院、薬剤師会に示しています。

ところが、**財団法人医療機能評価機構**が二〇一七年七月から一二月の間、一万一四〇〇の薬局を対象に調査したところ、薬剤取り違え四六六件、数量間違い五一九件、規格・形状間違い四〇三件、この結果患者に健康被害があったと推定されるものが九一七件（六八パーセント）、患者に健康被害が生じなかったが医師の意図した薬効が得られなかったと推定されるのが四三一件（三二パーセント）との統計が示されました。発生の要因としては、確認を怠ったのが一九一九件、勤務状況が多忙であったのが五七八件ありました。

薬の取り違えは命にかかわります。手渡された薬は、よく確認しましょう。薬の取り違えは、事故が起こってからでは遅いのです。患者の側でも日頃からどんな薬が自分に処方されているかを確認し、薬に対する知識を身につけておくことが大切です。医薬品集の左右を見間違えて処方した医師の処方箋の内容の誤りを見過ごして調剤し、更に調剤監査での二重チェック時にも誤りをみつけられなかった薬剤師の責任を、医師の責任とともに認めた裁判例[*1]があります。

（伊藤まゆ）

＊1　東京地裁平成二三年二月一〇日判決

Q24

［投薬］薬の処方が不適切

風邪をひくと、いつもかかりつけの医者のところに行きます。抗生剤（抗菌剤）を処方されますが、効かないことがあります。この処方は適切ですか。

不適切な薬の処方は、医療事故につながりかねません。

風邪は上気道の急性炎症ですが、八〇〜九〇パーセントはウイルスにより発症すると言われており、ウイルスに抗生剤は効かないとされています。かつて、風邪から肺炎を発症した場合、抗生剤の使用が基本とされていました。今も風邪には抗生剤の投与との意識が残っています。

平成三〇年七月に行われた日本化学療法学会と日本感染症学会の合同調査では、患者からの要求で、抗生剤を処方している診療所が六割もありました。国立国際医療研究センターの意識調査では、四三・八パーセントもの人が風邪に抗生剤を処方してくれるのは良い医者だと答えていました。しかし、抗生剤には重大な副作用があります。医師は、抗生剤の副作用を患者に説明して、患者が抗生剤の処方を求めても、慎重に対応しなければなりません。抗生剤の副作用の代表的なものは胃腸障害による下痢です。抗生剤は消化管に生息する善玉菌を排除してしまうのです。その他、肝障害、腎障害、聴力障害　血液障害等の副作用が発生する可能性があるほか、アレルギー体質の人については、皮膚の湿疹のほか、重篤な副作用として**アナフィラキシーショック**の発症があります。アナフィラキシーショックを発症すると、適切な処置がなされなければ死につながる可能性があります。

　さらに問題は、抗生剤が効かない耐性菌が発生することです。安易に風邪に抗生剤を使用することは、患者自身の病気の回復につながらないだけではなく、耐性菌を発生させてしまう可能性があります。平成三〇年八月に大学病院の集中治療室を中心に一五人が耐性菌に感染をして八人が死亡したと報じられました。この他にも大学病院における院内感染、死亡例がたくさんあります。どの病院でも感染防止対策がとられていますが、完全に防止できていません。耐性菌の一種である**MRSA**の感染について、医師の治療上の過失を認めた裁判例は複数ありますが、病院にＭＲＳＡの感染防止義務を認めた裁判例は、筆者の調べる限り一件のみでした。[*1] 耐性菌は、人や物の交流により世界に拡大するおそれがあります。

　平成二七年ＷＨＯ（世界保健機構）は、世界抗菌啓発週間を設定して、世界の全ての政府機関や社会が行動を起こすよう注意喚起を行いました。これを受けて、厚生労働省は平成二八年四月に薬剤耐性アクションプランをまとめて、薬剤耐性対策として、令和二年までに平成二五年比で抗生剤の使用を三三パーセント削減する目標を策定し、平成二八年から毎年一一月を薬剤耐性対策推進月間に設定しました。

（伊藤まゆ）

＊1　大阪地裁平成一三年一〇月三〇日判決

Q25

［投薬］注射・点滴等に関連する事故

入院中の高齢の父が、栄養剤点滴のため中心静脈に針を刺して管を入れる処置を受けたところ、容態が急変し、数日後に亡くなってしまいました。栄養改善のための処置で亡くなるなんて納得できません。

中心静脈内に管（カテーテル）を留置して高カロリーの栄養剤を投与することを「**中心静脈栄養**」といい、長期間に渡って食事を摂れない患者等に対し、医療機関の規模を問わず、広く行われている医療行為です。首や鎖骨の下、足の付け根にある血管（静脈）に針を刺し（穿刺）、そこからカテーテルを挿入して、心臓付近にある中心静脈まで至らせ、留置します。

中心静脈にカテーテルを留置するための穿刺手技（**中心静脈穿刺**）は、身体に針を刺す医療行為である点で、注射や点滴と共通しています。注射や点滴に関する事故は、医師の指示ミス（Q24）、薬剤の取り違え（Q23）、実施の失念、穿刺部位の誤り、穿刺の際の神経損傷（Q1）等があり、この点中心静脈穿刺にも同様の問題がありますが、中心静脈穿刺の場合、穿刺後、中心静脈まで血管内にカテーテルを通すため、通常の注射や点滴と比べより高度な技術が必要とされること、中心静脈の近くには太い動脈や肺があり、カテーテル挿入時にこれらを傷つけると致死的な結果が生じかねないことが特徴です。穿刺部位からの感染症のリスクもあります（カテーテル留置に伴う感染症についてはQ51）。中心静脈穿刺は、日常的に行われている医療行為ではありますが、リスクを伴う危険な医療行為でもあるのです。そのため、実施の際には、中心静脈穿刺が**致死的合併症**を生じ得るリスクの高い医療行為であることを認識したうえで、その必要性（代替手段の有無）やリスクを慎重に検討し、患者に十分説明することが求められるほか、穿刺部位下の血管等の位置関係等から深さや方向に留意して穿刺し、X線検査等で留置後のカテーテルの位置を確認し、穿刺後も患者の状態を観察し、異常があれば迅速に検査等の対応をすることが求められます。

平成二九年三月に一般社団法人**日本医療安全調査機構**（**医療事故調査・支援センター**）が発表した「**医療事故の再発防止に向けた提言**」においても、中心静脈誤穿刺による合併症が取り上げられ、前記のような留意点について提言をしているほか、実施前に超音波を用いて静脈の性状や深さ、動脈との位置関係を確認してリスク評価を行うプレスキャンの実施を推奨しています。

医師がこうした注意を怠り、誤穿刺が生じた場合、医師や病院の責任を問えることもありますが[*1]、標準的な方法により慎重に操作しても、動脈や肺等を傷つけてしまうことはあり得るため、誤穿刺が生じたからといって、必ず医師や病院の責任が認められるわけではありません。また、誤穿刺はなかったが、カテーテル留置後に感染症から敗血症に至った事案で、カテーテル留置後の病院側の経過観察や処置の不適切さを過失と認定し病院側の責任を認めた裁判例もあります。[*2]　（飯田康仁）

＊1　岐阜地裁平成七年一〇月一二日判決　＊2　東京地裁平成一八年一一月二二日判決

Q26

［投薬］ **薬の副作用と医薬品の添付文書**

薬の添付文書の記載に記された注意事項に従わない投薬管理によって医療事故が起こった場合、どのような責任を問えるのでしょうか。

添付文書とは、医薬品、医療機器等の品質、有効性及び安全性の確保等に関する法律（医薬品医療機器等法）五二条に基づき、当該医薬品の効能や危険性につき高度な情報を有している製造業者または輸入業者が医師等に向けた使用上の注意等を記載するよう義務づけている書面です。添付文書の情報は、医薬品情報機構がホームページにおいて提供しており、パソコンによりいつでも入手できます。添付文書について最高裁判所は、医療用医薬品について製造物責任法二条二項にいう「通常有すべき安全性」が確保されるためには、その引渡し時点で予見し得る副作用に係る情報が添付文書に適切に記載されているべきと判示し[*1]、次いで、医師の注意義務について「業務の性質に照らし危険防止のために実験上必要とされる最善の注意義務が要求される」とした上で[*2]、腰椎麻酔剤ペルカミンの使用に関して添付文書に記載された使用上の注意と異なった取り扱いをした事例において、「医師が医薬品を使用するにあたって医薬品の添付文書に記載された使用上の注意に従わずそれによって医療事故が発生した場合には、これに従わなかったことにつき特段の合理的理由がない限り当該医師の過失は推定される」と判示しました。[*3] さらにその後、最高裁判所は、「精神科医は、向精神薬を治療に用いる場合において、その使用する向精神薬の副作用については常にこれを念頭において治療に当たるべきであり、向精神薬の副作用についての医療上の知見については、その最新の添付文書を確認し、必要に応じて文献を参照するなど、当該医師の置かれた状況の下で可能な限りの最新情報を収集する義務がある」と判示しました。[*4]

これらの一連の最高裁判所の判決により、医師には、添付文書に記載された用法によらず使用したことについて特段の合理的理由がない限り、添付文書に従って医薬品を処方すべき義務が認められるという判断が確立しましたが、この判断を敷衍した裁判例として、添付文書に記載されている用法又は用量によらず医師が独自に判断した用法又は用量によって薬剤を投与する場合には、それによって副作用発見の危険がないとの確立した知見がない限り、あるいは、当該薬剤を投与しなければ重篤な結果が生ずるために副作用発生の危険を甘受するほかないといった特段の事情がない限り、当該医師は当該薬剤の投与を必要最小限にとどめて副作用の発症を防止する注意義務を負うとした裁判例、[*5] 添付文書の禁忌情報の記載に反した投薬による過失が認められるか争われた事案において、製薬会社に対する調査嘱託の結果から添付文書の記載に合理的根拠がなかったこと、あえて投薬を行った医師の行為に科学的根拠があることから、添付文書の用法によらなかったことについて特段の合理的理由があるとして過失が否定された裁判例があります。[*6]

（伊藤まゆ）

＊1　最高裁平成二五年四月一二日判決　＊2　最高裁昭和三六年二月一六日判決
＊3　最高裁平成八年一月二三日判決　＊4　最高裁平成一四年一一月八日判決
＊5　東京地裁平成一九年四月一三日判決　＊6　横浜地裁平成二一年三月二六日判決

Q27

［投薬］投薬後の経過観察

母に抗生剤の点滴をはじめてまもなく「何か変」と言いだしたので医師に連絡をしましたが、すぐ意識がなくなり死んでしまいました。医療ミスではないでしょうか。

抗生剤の点滴セット後、看護師はそばにいなかったのでしょうか。患者が「何か変」と言いだしてから、医師が来るまで、どのくらいの時間がたったのでしょうか。医師が来てどのような処置をしたのでしょうか。緊急に処置をする準備がされていたのでしょうか。これらの事情によっては医療ミスの可能性があります。

抗生剤には、重篤な副作用として**アナフィラキシーショック**があります。アナフィラキシーショックを発症した場合、気管支がけいれんして気道が閉塞し、不整脈により心停止して酸素欠乏状態になり血圧が低下することがあります。この場合、速やかに適切な処置をしないと死に至る可能性があります。アナフィラキシーショックに対する治療は、発症後の数分間以内に適切な処置がされたかどうかが予後を決めると言われています。本件では、患者が「何か変」と言いだした時が発症のはじめだと考えられます。看護師がそばで患者の様子を観察していて、患者が「何か変」と言いだした時に、発症を医師に伝えて、速やかに挿管による気道の確保、薬剤の投与などの処置がとられていたならば、患者は、亡くならずにすんだ可能性があります。

また、アナフィラキシーショックを発症する可能性のある薬剤を投与する場合は、投与前に、患者が過去に薬や食べ物を摂取した際にじんましんが出たことがあるか等、体質について問診して、投与する薬剤を選択する必要があります。やむなくアナフィラキシーショックを発症する可能性のある薬剤を投与する場合は、投薬後、継続的な経過観察をして、発症の兆候を見逃すことなく、速やかに緊急処置ができる体制を整えておく必要があります。抗生剤の点滴をするにあたって、患者は医師から、薬や食べ物によりじんましんの症状が出たことがあるかどうか等の問診を受けていたでしょうか。体質の調査もせずに抗生剤の投与を開始し、投与後、看護師が継続的観察もしていなかったとすると、本件は、医療ミスにあたる可能性があります。

抗生剤の投与を受けた患者がアナフィラキシーショックを発症して死亡した事例において、最高裁判所は、薬物等にアレルギー反応を起こしやすい体質であるとの申告をしている患者に対してアナフィラキシーショック症状を引き起こす可能性のある薬剤を新たに投与するに際しては、その発症の可能性があることを予見し、その発症に備えて、あらかじめ、担当の看護師に対し、投与後の経過観察を十分に行う等の指示をするほか、発症後における迅速かつ的確な救急措置をとりうるような医療体制に関する指示、連絡をしておく注意義務がある旨判示しています。[*1]

（伊藤まゆ）

＊1　最高裁平成一六年九月七日判決

Q28

［投薬］**製薬会社の責任**

医薬品の副作用による被害について、製薬会社に責任を追及する方法を教えてください。

医薬品の副作用（医薬品を服用した時に人体に起こる有害な生理反応）に起因すると考えられる被害が発生した場合、その副作用が当該**医薬品の「欠陥」**にあたると評価できる場合には、医薬品の製造業者や輸入販売業者（以下「製造業者等」といいます）の賠償責任が問題となります。

この場合、被害者は、**製造物責任法**に基づき、①「製造物」に「欠陥」が存在すること、②「損害」が発生したこと、③「欠陥」と「損害」に「因果関係」があることを主張・立証することになります。製造物責任法に基づく責任追及を行う場合には、「欠陥」の存在の証明に際し、製造業者等に過失があることまで立証することは要件となっていません（**無過失責任**）。

では、どのような場合に、医薬品の副作用を「欠陥」ということができるのでしょうか。この点、製造物責任法二条二項は、「欠陥」を「当該製造物が通常有すべき安全性を欠いていること」と定義し、その判断に関しては、「当該製造物の特性、その通常予見される使用形態、その製造業者等が当該製造物を引き渡した時期その他当該製造物に係る事情を考慮する」と規定しています。

当該規定を医薬品について検討すると、今日の科学水準では副作用を完全に根絶することは不可能であると言われているため、「副作用」の存在を前提として、①医薬品の効果、②副作用の内容及び程度、③他の安全な代替薬の有無、④医薬品の効果と副作用とのバランス、⑤副作用の可逆性、⑥副作用の頻度、症状の重さ、⑦医薬品に関する情報提供の有無・程度、⑧薬学上の水準等の諸事情を総合的に考慮し、「欠陥」該当性を判断することになります。*1

なお、医薬品は、使用方法や副作用等の情報が**添付文書**によって適切に開示されることにより、医薬品の安全性が確保されるものです。しかも、当該情報は製造業者等に集中しており、患者は製造業者等が開示した情報をもとに医薬品の安全性を確認することになります。そのため、医薬品の場合は、情報の開示が極めて重要となり、製造業者等による警告表示等が不十分な場合、化学物質としての「医薬品」それ自体に「欠陥」がない場合であっても、添付文書において適切な情報開示がないことを一つの理由として、「欠陥」と評価される場合もあり得ます。*2

もっとも、医薬品に「欠陥」が認められたとしても、製造業者等が、①医薬品を引き渡した時点において、②入手可能な最高の科学・技術の知識水準によって、③当該医薬品に欠陥があることを認識できなかったことを立証した場合、製造業者は免責されます。また、原則として、被害者が損害及び賠償責任者（製造業者等）を知った時から三年経過後、あるいは製品出荷後一〇年を経過した場合、製造物責任法に基づく損害賠償はできません。

（大城季絵）

＊1　福岡地裁昭和五三年一一月一四日判決　＊2　最高裁平成二五年四月一二日判決

Q29

[投薬] **副作用被害の補償制度**

医薬品の副作用によって健康被害が生じた場合の被害救済制度があると聞きました。どのような制度なのでしょうか。

医薬品は、効能とともに一定程度の**副作用**が避けられない性質を有しています。副作用が効能・効果に比して著しく有害な場合など、医薬品に「欠陥」が認められる場合には、そのために生じた健康被害について製薬会社等に対して製造物責任を追及できる可能性がありますが、医薬品の欠陥や、欠陥と健康被害との因果関係の立証には困難を伴う場合が少なくありません。

そこで、医薬品を適正に使用したにもかかわらず、副作用により重篤な健康被害が生じた場合に、被害者の迅速な救済を図るため医療費や年金などを給付する制度が**医薬品副作用被害救済制度**です。これは医薬品医療機器総合機構法に基づく公的制度です。

対象となる被害は、容器や添付文書に記載されている用法用量等にしたがって医薬品を**適正に使用**したにもかかわらず発生した、入院治療を必要とするような疾病、日常生活が著しく制限される程度の障害及び死亡の被害です。対象となる医薬品には、病院等で処方された処方薬とドラッグストア等で購入した市販薬のいずれも含まれます。なお、別途対象除外医薬品が定められています。

この制度は、医薬品の副作用について民事責任の追及が難しい場合の被害者救済を目的とするものですから、医師の処方や薬剤師の調剤に過誤がある場合は対象外ですし、判決や和解で製薬会社等の責任が認められた場合には給付は行われません（既に給付済みの場合は、被害者の損害賠償請求権を機構が取得します）。

被害を受けた本人または遺族は、医師の診断書や投薬・使用証明書などを添付した請求書を**独立行政法人医薬品医療機器総合機構**に提出して給付請求を行います。機構は、その健康被害が医薬品等の副作用によるものかどうか、医薬品が正しく使用されたかどうかなどの専門的判断についての厚生労働大臣の判定結果に基づき支給の可否を決定します（この決定に対しては厚生労働大臣に不服申立てが可能です）。このように、医薬品副作用被害救済制度は専門的判断について被害者の立証の負担を手続的に軽減する制度ではありますが、その専門的判断にあたっては当該医薬品と副作用発生との因果関係の証明度を民事訴訟一般より緩和するものではないと考えられています。[*1]

平成三〇年四月一日現在の給付内容は、①医療費、②医療手当（月額三万四四〇〇円または三万六四〇〇円）、③障害年金（一級の場合月額二三万六〇〇〇円）、④障害児養育年金（同月額七万二一〇〇円）、⑤遺族年金（月額二〇万一七〇〇円を一〇年間）、⑥遺族一時金（七二六万一二〇〇円）、⑦葬祭料（二〇万六〇〇〇円）です。③及び④を除き、請求期限が定められているので注意が必要です。詳細は機構のホームページ（https://www.pmda.go.jp/）を確認してください。

（岡田卓巳）

＊1　名古屋高裁平成二八年二月五日判決、東京高裁平成二九年七月一九日判決他

Q30

［説明義務］手術の選択に関する説明義務

医師は、手術をするにあたり、患者にどのような説明をしなければならないでしょうか。

手術に限らず、治療は、一般的に、身体に対する何らかの侵襲を伴いますので、これを行うためには患者の同意が必要です。また、何より、患者には、「自己の人生の在り方は自ら決定することができる」という「**自己決定権**」があり、侵襲的な治療行為に同意を与えることにとどまらず、どのような治療を受けるか、もしくは受けないかを、自らの意思で選択し、決定し得る権利があります。もっとも、患者がそのような決定をするためには、その判断材料となる情報が的確に与えられなければなりません。そのためにも、医師は、患者に対し、患者の病名や病状、治療の内容、治療に付随する危険性、他に選択し得る治療方法（代替治療）の有無、その内容と利害得失、予後などについて患者に説明しなければならず、このような医師の義務は、一般に「**説明義務**」と呼ばれています。

とくに、手術は、患者の身体への重大な侵襲を伴い、患者の生命や健康、精神に重大な影響を及ぼすものですから、手術の内容や手術に付随する危険性など、前記の事柄の説明が十分に行われる必要があります。また、手術以外にも患者が選択しうる治療法が複数ある場合には、その中から手術を選択するかどうかを患者自らが判断できるよう、医師は、患者の病状等に即し、手術を勧める理由や、手術の必要性、危険性等について説明するほか、手術以外の代替的な治療方法等についても、その内容、適応性、有効性や危険性等について説明する必要があります。とくに、患者が希望し、関心を示す代替的治療法がある場合には、これに即して、患者に、その治療方法と医師が勧める治療方法（手術）の利害得失等について正確な情報を提供して説明すべきとされています。

手術が予防的な治療として行われる場合には、手術を受ける選択肢のほか、手術を受けずに保存的に経過をみるという選択肢もあり、そのどちらを選択するかは、患者自身の生き方や生活の質にもかかわります。この場合、医師は、患者がどの選択肢を選ぶかを熟慮した上で判断できるよう、経過観察も含めた選択肢の利害得失について、わかりやすく説明するとともに、一定の熟慮期間をおく必要があります。

医師が、このような説明義務を怠った場合、医師は、患者に対し、慰謝料（自己決定権の行使の機会を奪われたことによる精神的損害）を賠償する義務を負います。また、医師が説明義務を尽くしていれば患者が手術を受けることはなく、結果を回避することができたといえる場合には、慰謝料にとどまらず、患者に生じた結果に対しても責任を負うことがあります。

（藤田尚子）

Q31

[説明義務] 合併症に関する説明義務

医師の勧めで椎間板ヘルニアの手術を受けたら、術中に神経を損傷され、下肢の麻痺と排便排尿障害の後遺症が残ってしまいました。こんなリスクがあるとわかっていれば手術は受けませんでしたが、リスクを説明しなかった医師に責任はないのでしょうか。

手術は患者の身体への重大な侵襲を伴う行為であり、患者は、そのような侵襲行為を承諾するかどうかを、自分の意思で決定する権利を有しています。その判断の前提として、患者には、手術の利点や必要性だけでなく、手術による合併症や後遺障害発生の可能性など、手術のリスク（危険性）についての情報も与えられる必要があり、医師には、これらの事柄を患者に説明すべき義務があります。平成一五年九月一二日に厚生労働省が出した「診療情報の提供等に関する指針」においても、「手術や侵襲的な検査を行う場合には、その概要（執刀者及び助手の氏名を含む）、危険性、実施しない場合の危険性及び**合併症**の有無について、医師は患者に丁寧に説明しなければならない」とされています。

とくに、手術が重大な危険性を伴う場合には、予測される危険性についてできるだけ具体的かつ詳細に説明する必要があり、奏効率や合併症発症率、死亡率などを具体的に患者に説明することが求められます。合併症の発症率が極めて低い場合には、一般的には説明の必要はないと考えられますが、発症率が低くても、合併症が、死亡や高度の後遺障害のような重大な結果をもたらす場合や、患者の今後の生活に大きな影響を与えるような場合には、説明の対象とする必要があります。また、患者の個別的な事情から、通常の場合よりも危険性が高いと考えられる場合には、通常の場合よりも高い確率で合併症が生じる可能性があることを説明する義務があり、標準的な説明では不十分と考えられます。

なお、医師には、患者に何を説明するかについて一定の裁量が認められますが、患者が判断するために必要かつ適切な内容の説明がなされなければならないことは、医師の裁量によって左右されるものではなく、患者の適切な判断の機会を奪うような裁量が医師に認められているわけでもありません。したがって、医師が適切な説明を行わなければ、説明義務違反の責任を負うことになります。

裁判例でも、頸椎椎間板ヘルニアに対する前方除圧固定術を受けた患者に体幹機能障害等の後遺障害が生じた事例で、担当医が患者に動揺をあたえないためにあえて脊髄損傷などのリスクを説明しなかったことが説明義務違反にあたるとして、慰謝料の支払を命じたものがあります。[*1]

（藤田尚子）

＊1　名古屋地裁平成一五年一〇月三〇日判決

Q32

[説明義務] 薬に関する説明義務

医薬品を処方するにあたって、どこまでの説明が必要でしょうか。

患者の**自己決定権**尊重の観点から、患者が必要な情報を得て十分納得した上で、投薬を受けることに同意できるようにすべきです。有効な同意を得る前提として、医師に**説明義務**があることは、他の治療行為の場合と同様です。

通常、治療中の医薬品処方で説明義務が問題となる場面はあまり多くありませんが、重大な**副作用**について説明を受けていればその薬剤による治療を選択しなかったような場合が問題です。抗けいれん薬の副作用による**中毒性表皮融解壊死症**について「副作用の発生率がきわめて低い場合であっても、その副作用が重大な結果を招来する危険性がある以上は、投薬の必要性とともに副作用のもたらす危険性をあらかじめ患者に説明し、副作用の発症の可能性があっても、その危険性よりも投薬する必要性の方が高いことを説明して理解と納得を得ることが、患者の自己決定権に由来する説明義務の内容である」とした裁判例があります。[*1]

妊娠の可能性のある女性に対して経口抗真菌剤を処方する際に、**催奇形性作用**があることを説明しなかった点に、医師の説明義務違反を認め、説明義務違反と人工妊娠中絶との因果関係も認めた事例[*2]、心房細動の既往症がある気管支喘息の患者に気管支拡張剤テオドールを処方する際、副作用として不整脈が生じる可能性がある（発生頻度約〇・二一パーセントで低いとはいえない）ことを説明する義務があるとした事例[*3]、子宮体がんの子宮全摘手術後の**抗がん剤治療**について、可能性は低いが重篤な副作用が出ることがあり、場合によっては死亡する危険性があることを説明していれば、添付文書に記載がありかつ重篤な副作用であるアナフィラキシーショックについて説明していなくても説明義務違反はないと判断した事例[*4]、などがあります。

がんの治験薬の投与の事例でも、説明義務違反の肯定例と否定例があり、ケースバイケースですが、患者の自己決定に影響を及ぼしたかどうかという観点で判断が分かれているようです。

なお、医薬品の処方に際しては、処方箋を出す医師、それに基づいて処方する薬剤師に**療養方法の指導**としての説明義務もあります。

治療効果を上げるため、薬の保管方法、正しい服用方法、飲み合わせなどを説明することは当然です。副作用が現れたらどうすべきか等、具体的に明確に伝えることが、副作用の激化や薬害の予防につながります。ここでの説明は、患者に観察や治療をさせるためのものであり、治療行為の一環ですから、説明が不適切であったというような場合、その義務違反は診療上の過失にあたると考えられます。

（菊地美穂）

＊1 高松高裁平成八年二月二七日判決　＊2 大阪地裁平成一四年二月八日判決
＊3 札幌地裁平成一九年一一月二一日判決　＊4 大阪地裁平成二五年二月二七日判決

Q33

[説明義務] 出産（分娩方法）に関する説明義務

お産を間近に控えた妊婦ですが、逆子のため、経膣分娩か帝王切開かで迷っています。医師は経膣分娩を勧めるのですが、危険性についてはあまり話してくれません。医師の勧めに従うべきか悩んでいます。

患者には、「自分の治療内容は自分の自由な意思で決められる」という**自己決定権**があります。出産自体は病気ではありませんが、自己決定権は「その人生の全体を通して、生き方を選べる・決められる」ということですから、経膣分娩か帝王切開かなど、出産の方法についても自己決定権が保障されるのは当然と言えます。そこで大事なのは、母親（と父親）に対して十分な情報が提供されているかどうかです。

帝王切開による分娩を強く希望していた夫婦に対し、担当医（産科医）が**経膣分娩**を勧めて出産した結果、赤ちゃんが間もなく死亡したという事件がありました。このケースでは、赤ちゃんの胎位が**骨盤位（逆子）**であったために、夫婦は経膣分娩に不安を抱き、帝王切開を希望すると伝えていましたが、担当医は内診やレントゲン検査の結果などから、**児頭骨盤不均衡**など経膣分娩を難しくする要因もなく、経膣分娩が可能であると判断し、夫婦に対しては、もし分娩中に問題が起きればすぐに帝王切開ができること、今回帝王切開をすると次のお産では子宮破裂を起こす危険性があることなどを話し、経膣分娩を勧めました。母親が入院した時点でも経膣分娩か帝王切開かの結論が出ておらず、夫婦共に経膣分娩の際のトラブルを心配してなお帝王切開を希望していたのに対し、担当医は「心配ない」として経膣分娩の方針を変えませんでした。

ところが、いざお産が始まると、破水の後に**臍帯脱出**（臍の緒が赤ちゃんの体より先に出て臍帯の血流が妨げられること）という異常事態が起こり、重度の仮死状態で生まれた赤ちゃんは約四時間後に亡くなりました。最高裁判所は、①帝王切開を希望した両親の申し出にはそれなりの医学的な根拠があるから、担当医としては、骨盤位での分娩方法を選ぶにあたって重要な判断要素となる事項をあげて、経膣分娩が良いとする理由を具体的に説明すべきである、②経膣分娩から帝王切開に移行するには一定の時間が必要であることや帝王切開もできない緊急事態が起こり得ることなど、両親が赤ちゃんの最新の状態を認識し、経膣分娩の危険性を理解した上で経膣分娩を受け入れるかどうか判断する機会を与えるべきであったと指摘し、経膣分娩の危険性について一応の説明をしたものの「すぐに帝王切開に移れるから心配ない」などと異常事態での危険性について誤解を与えるような説明をした担当医の説明は不十分だったと結論づけました。[*1] この最高裁判決は、医師が良いことも悪いことも含めた十分な説明をしなければ、患者は適切な自己決定ができないこと、すなわち、**インフォームド・コンセント**の重要性を指摘したものです。

（森谷和馬）

*1 最高裁平成一七年九月八日判決

Q34

［説明義務］ 退院後の療養指導

無事にお産を終えて退院することになりましたが、医者の眼の届かないところで赤ちゃんに何か起きたらどうしようと不安になります。

赤ちゃんは生まれて二〜三日すると徐々に皮膚が黄色くなってきますが、これは生理的な（通常の）変化であり、その後消えていくので問題はありません。ところが、まれに**核黄疸**という脳に障害を残す重大な病気が起きることがあり、赤ちゃんが産科医院を退院した後にこの病気が発症した場合には、手遅れで**脳性麻痺**となる可能性もあります。未熟児で生まれた赤ちゃんを黄疸が消えない状態で退院させたところ、その後黄疸の症状が強まり、他の病院を受診したものの核黄疸と診断され、治療も効果がなく、赤ちゃんが脳性麻痺となってしまうという事件がありました。

退院に際して産科医は母親に対し、黄疸が続くのは未熟児だからなので心配はいらないと説明しました。母親にしてみれば、医師から心配ないという説明を受けていたために、結果として病院を受診するのが遅れてしまったということになります。

地裁と高裁では、医師は母親に対し、「何か変わったことがあったらすぐにここ（産科医院）か近所の小児科医の診察を受けるように」という指導をしており、退院の際、特に核黄疸の危険性についてまで詳しい説明や指導をする必要はないという理由で医師の過失は否定されました。

これに対して最高裁は、赤ちゃんが退院すれば、この産科医は自分で赤ちゃんを観察することができなくなるのだから、母親に対しては、黄疸がひどくなったり、ミルクの飲み方が悪くなったら重大な病気になる危険があることを説明し、そのような症状が出たらすぐに医師の診察を受けるように指導すべきだったと判示して、この産科医には手落ちがあったと判断しました。*1

一般に、医師は患者が退院する際には、退院後の患者が不利益を被らないように必要な説明や指示をする義務があるとされ、これを**療養指導義務**と言います(医師法二三条参照)。紹介したケースのように、まれではあっても重大な後遺症が残ったり死亡したりする危険があるときは、それを避けるために患者は何を注意すべきかについて、医師は患者本人やその家族が理解し、かつ実行できるように指導すべきです。

このような問題は、出産後の退院に限らず、救急外来を受診した患者を帰宅させる場合、入院中の患者を一時帰宅(一時外泊)させる場合など、何らかの問題を抱えた患者が医師の目の届かないところへ移動してしまうときにも起こり得ることです。どこまでを説明すべきかはケースによって違いますが、①退院後の患者にはどういう異変・異常が起こる可能性があるのか、②その異変・異常をみつけるには何を注意すれば良いのか、③どのような状況になったら、病院に連絡したり、救急車を要請すべきなのかといったところでしょう。

(森谷和馬)

*1 最高裁平成七年五月三〇日判決

Q35

［説明義務］**家族等に対する説明義務**

医師は患者の家族に対し、患者の病状について説明しなくてもよいのでしょうか。父ががんで亡くなりましたが、父はもとより家族にもがんの告知がなされなかったことに納得がいきません。

医師には、患者の診断結果や治療方針等について説明すべき義務がありますが、その説明は患者自身に対して行われるのが原則です。なぜなら、説明は、患者自身が自分の症状を理解し、自らの意思で治療を受けるかどうかを決定するために行われるべきものだからです。したがって、医師が、本来患者本人にすべき説明を患者の家族等に行ったとしても、それでは説明義務を尽くしたことにはならないのが原則です。裁判例でも、帝王切開手術中の医師が、子宮筋腫を発見し、患者の夫への説明と夫の同意のもとに子宮を摘出した事例において、患者本人に対する医師の説明義務違反が認められています。[*1]

もっとも、患者本人に医師の説明を理解する能力がない場合や、患者に説明することで患者が不安を募らせ合理的な判断が困難になるような場合には、患者に代わるべき人（患者の家族やその他の近親者）に対して説明がなされる必要があります。後者の典型例が、患者が末期がんの場合です。

末期がんなど不治や難治の疾病の**告知**については、患者の性格や心身の状態、家族環境、告知が治療に及ぼす影響など諸事情を勘案した上での慎重な配慮が不可欠であり、患者本人に告知するかどうかは医師の裁量に委ねられますが、医師が、患者本人に対して告知するのは適当ではないと判断した場合には、医師は、患者の家族等で連絡を取れる者に連絡し、その家族等への告知が適当であると判断したときには、その家族等に対し、患者の診断結果等を説明しなければなりません。肺がんで死亡した患者の遺族が、医師からがんの告知を受けなかったことについて医師の説明義務違反を争った事案で、最高裁は、医師の説明義務違反（家族等に対して告知すべき義務の違反）を認め、慰謝料の支払を命じています。[*2]

患者に十分な意思決定能力があり、患者への説明を避けるべき前記のような事情もない場合には、医師が説明をすべき相手は患者本人であり、別途家族に対する説明義務を負うものではありません。裁判例でも、患者の家族が医療従事者で、患者の治療法等に強い関心を有し、患者の意思決定にも関与していた事例において、患者に十全な意思決定能力があり、当該家族に説明すべき特段の事情もないとして、当該家族に対する説明義務を否定しています。[*3]

（藤田尚子）

＊1　東京地裁平成一三年三月二一日判決　＊2　最高裁平成一四年九月二四日判決
＊3　高松高裁平成二六年五月三〇日判決

Q36

［説明義務］死因に関する説明義務

病院で治療中の患者が死亡した場合、病院には、患者の遺族に対して死因を説明する義務はないのでしょうか。

医療行為は、たいへん専門技術性の高い行為であり、患者やその家族などの近親者は、そのような医療行為を提供する医療機関に期待や信頼を寄せているのが普通です。そして、患者に対してなされた医療行為の内容や、患者が死に至った経過を把握しているのは医療機関だけであり、患者の死因についても、医療機関が最もよく知り得る立場にあります。このような事情から、医療機関は、死亡した患者の遺族から求められた場合には、信義則上（民法一条二項）、遺族に対し、患者の死因について適切に説明を行うべき義務があると考えられています。

また、患者と医療機関は診療契約を締結していますので、医療機関は、診療契約に付随する義務として、患者に対し、医療行為が終了した後も、その結果について適時に適切な説明をすべき義務があると考えられます（民法六四五条）。そして、診療契約は、患者が意識不明になったり死亡するなどして患者本人に説明することができない場合には、患者の家族等に説明すべきことをも予定していると解されるため、医療機関は、患者が死亡した場合には、患者との診療契約に付随する義務として、可能な範囲内で死因を解明したうえで、患者の遺族に対し適時に適切な説明をする必要があるともいえます。

この点、厚生労働省が平成一五年九月一二日に出した「診療情報の提供等に関する指針」では、「医療従事者は、患者が死亡した際には遅滞なく、遺族に対して、死亡に至るまでの診療経過、死亡原因等についての診療情報を提供しなければならない」とされています。

また、裁判例でも、信義則や、診療契約の付随義務を理由として、患者の遺族に対する医療機関の説明義務が認められており、適時に適切な説明をせず、事実と異なる死因が記載された**死亡診断書**を交付した医療機関に対し、慰謝料の支払を認めた例もあります。[*1]

なお、一般に**病理解剖**は患者の死因解明のための最も直接的かつ有効な手段と考えられることから、事案によっては、医療機関から遺族に対し、病理解剖を提案すべき場合があると考えられています。その結果、遺族が病理解剖を希望した場合には、医療機関は、病理解剖を適宜の方法により実施し、その結果に基づいて、患者の死因を遺族に説明すべきことになります。

（藤田尚子）

＊1　東京高裁平成一六年九月三〇日判決

Q37

［出産］**妊婦に対する検査**

初めての妊娠がわかり、今後は産婦人科に通う予定ですが、妊婦に対する検査で何か問題になることはありますか。また、いわゆる出生前診断についてどのように考えられているか教えてください。

まず、妊娠期間中の検査を通じて、**妊娠中毒症**、**切迫早産**、**前置胎盤**などが明らかになった場合が問題となります。これらは、母体が高齢である、または糖尿病や心疾患などを合併しているなどの場合も含めて、一般的に**ハイリスク妊娠**と呼びます。ハイリスク妊娠の場合、妊娠、分娩、産褥及び新生児期において、母体、胎児、新生児に危険が起こる可能性が高いといえます。ハイリスク妊娠を扱う場合は、これに対応できる人的・物的設備が整備されている必要があるため、自院での対応が困難な場合、これらが整った病院で出産すべきことを説明すべきであるとした裁判例や、高次医療機関に転送すべきであるとした裁判例があります。この点、妊婦の側もまた、ハイリスクの要因がある場合は、事前に医師に対し十分情報提供をしておくことが大切です。

妊婦に対する検査としては、**出生前診断**も重要です。出生前診断とは、胎児に異常が疑われる妊娠に対し出産前に行う検査および診断をいいます。出生前診断が裁判で問題になったケースとしては、**先天性風疹症候群**や、**ダウン症候群**などがあります。

出生前診断は、妊婦の出産の選択に関する自己決定との関係で重要といえそうですが、他方で、**母体保護法**（旧優生保護法）は、胎児の異常を理由とした**人工妊娠中絶**を認めていないため、障害のある子どもの生きる権利との関係で妊婦の出産の選択の利益を保護すべきかという点について、非常に難しい問題をはらんでいます。この点については、出産の選択の機会や準備の機会が奪われたことによる損害賠償を認めた裁判例[*1]がある一方、医師に出生前診断実施義務はないとした裁判例もあります。[*2]また、医師が十分な説明をしなかったこと、あるいは不正確な説明を行ったことについて、医師の説明義務違反を認めた裁判例もあります。

なお、妊婦に対する検査ではよく**超音波検査**が用いられますが、一般的に検査自体の危険性（被爆等の危険）は低く、医療事故として責任が認められたケースは見当たりません。もっとも、心配な点があれば主治医から十分に説明を受け、安心して出産に臨むことが重要です。

（関哉直人）

＊1　函館地裁平成二六年六月五日判決　＊2　京都地裁平成九年一月二四日判決

Q38

［出産］**分娩時の大量出血**

分娩時の大量出血により妊婦が死亡した場合、医師の責任を問うことはできますか。

分娩時の大量出血は、①**子宮破裂**（子宮体部筋層の裂傷）、②**癒着胎盤**（胎盤が剥離せずに子宮内にとどまっている場合）、③**弛緩出血**（分娩終了後に子宮筋の収縮状態が不良なために起きる大出血）、④**子宮内反**（子宮体部が一部または全部反転すること）、⑤**羊水塞栓**（羊水成分が母体血中に流入し、肺血管を塞栓し、母体に呼吸不全・循環不全・ショック・DICなどをきたす疾患）等の原因により起きます。出血性ショックが進行して**DIC**（**汎発性血管内血液凝固症候群**）をきたすと、主要臓器の循環障害や、強い出血傾向がもたらされます。

産科出血は短時間に大量出血となり、**出血性ショック**をもたらし、DICの発症、母体死亡にもつながるおそれがありますが、早期に適切な処置が取られれば、救命の可能性が高まるので、早期の診断、止血、ショックに対する早期の治療が何よりも重要です。

ショックの診断にあたっては、患者の血圧・脈拍・呼吸・体温といったバイタルサインや尿量等を確認し、血液検査・血液ガス分析を行って全身状態を管理・観察する必要があります。そして医師は、患者の状態に応じ、①**止血**、②**急速輸液**、③**輸血**、④**高次医療機関への転送**措置等の対応を検討すべきことになります。

重要なのは、出血原因に応じた止血措置を行うとともに、患者がショック状態に陥っている場合には、ショックに対する的確な治療（輸液・輸血等）を行うことです。一応の止血がなされたとしても、失われた循環血液量の改善が（輸液や輸血等により）図られなければ、ショック状態から回復できないおそれがあります。この点、患者（妊婦）が分娩時に出血性ショックに陥り、その後DICをきたして死亡した事例において、止血措置により一応の止血が得られ、医師には患者がショック状態に陥っている認識がなかったため、血算や尿量確認等の検査を行わず、十分な輸液も行わなかったところ、医師に対し、患者の全身状態の管理・観察を怠った過失、急速輸液等の出血性ショックに対する適切な治療を怠った過失、高次医療機関への搬送が遅れた過失を認め、出血性ショックに対する適切な治療がなされていれば救命できたとした判例もあります[*1]。同事例では、病院側は、出血性ショックではなく肺塞栓または羊水塞栓を発症したため死亡したものであり、救命しえなかった旨主張しており、一審においては患者側が敗訴しましたが、控訴審において逆転勝訴したものです。

（樫尾わかな）

＊1　東京高裁平成一九年三月二七日判決

Q39

［出産］陣痛促進剤の大量投与

陣痛が弱かったので医師が陣痛促進剤を点滴しました。何とか出産できましたが、赤ちゃんは脳性麻痺になりました。医師の責任を問うことはできますか。

陣痛促進とは、自然陣痛がきても微弱なため分娩進行がみられない場合に子宮収縮剤を投与して、子宮収縮を強めることをいいます。それより遡って、自然陣痛が来る前に、経膣分娩を目的として陣痛を誘発するために子宮収縮剤を投与することを分娩誘発といいますが、いずれも子宮収縮剤を投与し、その有益性と危険性を考慮する必要がある点で共通します。そのための薬剤としては、プロスタグランジン／プロスタルモン（錠剤、注射液）、オキシトシン（アトニン-O）（注射液）などがあります。いずれも大量に投与したり、短時間のうちに頻繁に投与したり、他剤と併用したりすると、危険であるとされていて、添付文書には警告文が掲載されています。

警告文をオキシトシンの添付文書（二〇一六年七月改訂）の例で見ると、「本剤を分娩誘発、微弱陣痛の治療の目的で使用するにあたって過強陣痛や強直性子宮収縮により、胎児機能不全、子宮破裂、頸管裂傷、羊水塞栓等を起こすことがあり、母体あるいは児が重篤な転帰に至った症例が報告されているので、本剤の投与にあたっては以下の事項を遵守して慎重に行うこと。」とした上で、遵守事項として、要旨、「①慎重に適応を判断すること。特に子宮破裂、頸管裂傷等は多産婦、帝王切開あるいは子宮切開術既往歴のある患者で起こりやすいので注意すること。②分娩監視装置を用いて、胎児の心音、子宮収縮の状態を十分に監視すること。③本剤の感受性は個人差が大きく、少量でも過強陣痛になる症例も報告されているので、ごく少量から開始し、陣痛の状況により徐々に増減すること。精密持続点滴装置を用いて投与すること。④プロスタグランジン製剤と同時併用は行わないこと。前後して投与する場合も、過強陣痛を起こすおそれがあるので、十分な分娩監視を行い、慎重に投与すること。⑤患者に本剤を用いた治療の必要性及び危険性を十分説明し、同意を得てから本剤を使用すること。」などがあげられています。

このように厳格な注意の下に投与されるべき薬剤ですが、注意事項は必ずしも守られず、病院側の責任を認める裁判例が出されています。**陣痛促進剤**の初期投与量や増量時の点滴速度の注意事項に従わなかった過失、さらに胎児の心拍数波形が悪化したから、**緊急帝王切開**の準備に着手し、速やかに緊急帝王切開をすべき義務があったのにこれに違反した過失を認め、児が脳性麻痺に至ったことについて病院側の責任を認めた裁判例、[*1] 陣痛促進剤の投与により、胎児機能不全の所見が見られたから、助産師及び医師は母体の体位転換、陣痛促進剤の投与停止、並行して急速遂娩の準備を行い、状態が改善しない場合は急速遂娩に踏み切る注意義務を負っていたところ、これに違反した結果、児に脳性麻痺が発症したと推認できるとした裁判例[*2]があります。

（阿部裕行）

＊1　広島地裁福山支部平成二八年八月三日判決　＊2　名古屋地裁平成二六年九月五日判決

Q40

[出産] ハイリスク分娩をめぐる事故

妻は一卵性双生児を妊娠していたので、予定日より早めに病院に入院しました。しかし生まれた子どもは一人は死産、一人は脳性麻痺でした。入院するまで二児とも元気と言われていたのに、納得がいきません。

胎児が娩出される前の時点で、胎児が元気にしているかは、**分娩監視装置**で陣痛の有無、程度について監視すると同時に、胎児心拍を測り、危険な徐脈などが出ないか（**胎児仮死**の徴候）、逆に頻脈になっていないか（感染、胎児仮死の兆候）、**基線細変動**が消失・減少していないかなどを監視します。

そして、危険な徴候が現れた場合は、そのままでは新生児に障害が出る可能性が高くなるので、胎児が母体外で生きられる大きさになっていれば、緊急帝王切開手術などにより早めに分娩させます[*1]。

あなたのお子さんが母体入院前にお腹の中で元気だったとすると、入院後に何らかの事故が発生したことが考えられます。その調査は、カルテ、**分娩監視記録**、助産師さんの診察記録、看護記録など、病院に残っている記録をすべて入手して行います。

一般に双子などの多胎、高年妊娠、母体の高血圧症・糖尿病・心疾患・肥満、妊娠中毒症などがある場合は「ハイリスク妊娠」、「ハイリスク分娩」と言って、病院に十分な監視と同時に、急変に対応できる環境の整備と、適切かつ迅速な措置が要求されます。

従って、ハイリスク分娩を扱う医師は、一般の妊婦よりもさまざまな事故発生の危険が高いことを念頭に置き、分娩監視装置の心拍数モニタリングに注意し、心拍数モニタリングに何らかの危険な兆候が出た場合には、分娩監視装置を連続的あるいは断続的に装着させて、厳しく監視する注意義務があることになります。[*2]

そうすると、分娩監視装置の装着を怠っていた、装着中に胎児心拍に異常が記録されているが何らの対応がなされていない、また、仮に緊急開腹手術を決定しても人手が足りないことなどから、執刀開始までに長時間かかった、などの事実が認められると、病院の対応に過失が認められて、生まれたお子さんや家族に対して病院が損害賠償義務を負う場合も出てきます。

（羽賀千栄子）

＊1　福岡地裁久留米支部平成一一年九月一〇日判決　＊2　東京地裁平成一〇年一二月一四日判決

Q41

［出産］吸引分娩、鉗子分娩の手技ミス

難産だったのですが、お医者さんが鉗子分娩の方法を選択し、出産しました。しかし、そのため赤ちゃんの顔に大きな傷がつきました。人の目にふれる場所なので補償してほしいと考えていますが、できるでしょうか。

難産の場合に、**急速分娩**の方法として、鉗子分娩や吸引分娩を行うことがあります。鉗子分娩は、接合・分離のできる二本の大きな匙状で匙部分が大きく中抜けになっている金具を、一本ずつ差し入れ、児の頭を二本の金具で挟んで引き出すものです。これに対し、吸引分娩は、吸引カップに陰圧をかけて児の頭に吸着させ、吸引カップと一体のハンドルを引いて児を引き出すものです。

古くから行われてきた鉗子分娩は、より危険が少ないとされる吸引分娩の補助的に用いられることが多いようですが、吸引分娩より鉗子分娩を重視する病院もあり、胎児が「顔位」のときは鉗子分娩によるので、現在でも習熟を要する重要な手技として、産科医が身につけなければならない技術です。鉗子分娩を行うべきか、またどのような鉗子を用いるべきかは、経験とともに身につけるべきものとされています。その基本的な条件は、母体と胎児に危険が切迫して急速分娩を必要とするときに行うべきものですが、子宮口が全開大かそれに近く破水していること、児が生存している

こと、骨盤と児頭の大きさに不均衡がないこと、児頭が鉗子を適切に操作できる位置にあることが必要とされています。一方、鉗子分娩には短所として、技術に習熟する必要があること、軟産道を損傷させることがあること、器具を奥まで挿入するので感染の危険があること、直接児頭を圧迫するので傷害する可能性があることなどの問題点があげられています。

鉗子分娩によって児の顔に損傷が残った事例についての裁判例があります。それによると、鉗子分娩により出生した新生児に眼球角膜の混濁、右額部及び左顎部の鉗子による損傷があった場合について、担当医師の鉗子分娩術の選択及び鉗子の操作に過失はないと判断しています。[*1] 鉗子分娩を選択できる条件を満たしていたこと、児に回旋異常が生じていたから鉗子の装着がずれたとしてもやむを得なかったことなどが理由とされています。また、損傷の事例ではありませんが、鉗子分娩による出産で新生児が死亡した場合について、担当医師の鉗子分娩の方法選択の過失・分娩実施の手技の過失がいずれも認められないとした裁判例があります。[*2] 鉗子分娩選択・施行の条件を満たしていること、担当医師の技術が水準に達していないとはいえないことなどを理由としています。近時の裁判例としては、鉗子分娩の施行後児が死亡した事例で、鉗子分娩を全く経験のない医師が行い、滑脱させたのに術者を交替せず、滑脱を三回も繰り返したことに過失は認められるが、死亡との因果関係は認められないとして請求を棄却した事例があります。[*3] いずれも患者側には厳しい判断ですが、類似の場合には、弁護士などの専門家とよく相談されることをお勧めします。（阿部裕行）

＊1　東京地裁昭和六三年九月二七日判決　＊2　東京地裁平成元年四月二六日判決

＊3　東京地裁平成一九年三月二九日判決

Q42

［出産］ 胎児の状態の観察義務違反

分娩監視装置をつけたのですが、分娩室での立ち会いがなく、医師が気づいたときは胎児の状態が悪化しており、急いで帝王切開し、出産しました。赤ちゃんは仮死状態で生まれ、その後脳性麻痺となりました。病院の責任を問いたいと思います。

児が脳性麻痺となる原因は多岐にわたりますが、分娩時に胎児の状態が悪化し、仮死状態で出生した場合が多数を占めています。胎児としての呼吸と循環がうまくいかない状態を**胎児仮死**といい、子宮口全開大から児娩出までの娩出期に多いとされています（胎児仮死という呼び方に換えて、**胎児機能不全**と呼ぶことがあります）。胎児仮死でも、出生後は正常な場合がある一方、新生児仮死となる場合、さらに脳性麻痺となる場合があります。脳性麻痺となる場合は、胎児仮死・新生児仮死に対する医療が適切に行われたか否かが問われることになります。

胎児仮死の主な症状は、胎児心拍数の悪化、頭位の場合の羊水混濁、産瘤の急速な増大などですが、胎児心拍数（脈拍数）と子宮収縮曲線が記録される**分娩監視装置**で、心拍数の低下などを陣痛による子宮収縮と関連させて把握することにより、より正確な胎児仮死の診断が行われます。分娩監視記録は、胎児仮死であったかどうかの重要な判断資料となります。医師や病院が分娩監視記録の写しの交付に応じない場合には、証拠保全手続で入手する必要があります。その評価は、最終的には専門医に判断してもらうのがよいでしょう。

分娩経過を観察中に胎児仮死が明らかになった場合は、急速分娩をする必要があります。鉗子分娩や吸引分娩の経腟分娩のほか、帝王切開が必要となる場合もあります。したがって、医療者は、分娩監視装置を装着し、継続的に経過観察して胎児の状態を正確に把握し、胎児仮死への対応に遅れのないようにしなければなりません。胎児仮死があったのに、医師らが観察義務を怠り適切に対応しなかった結果、新生児仮死から脳性麻痺となった場合について医療側の責任を認めた裁判例は多数ありますが、近時の裁判例で損害賠償請求を認容した事例を紹介します。

経腟分娩により娩出した児が脳障害による後遺障害を負った場合に、適切な分娩監視、帝王切開手術の準備・処置を怠った医師に過失があるとされた事例[*1]、児が脳性麻痺の後遺症を負った場合に、胎児が低酸素状態に陥っていることを示す可能性を排除できない徴候がみられた等の事情のもと、助産師に、分娩監視装置を継続して装着する注意義務及び医師に対して胎児の状態を報告する注意義務の違反を認め、損害賠償請求の一部を認容した事例[*2]、仮死状態で出生した新生児が脳性麻痺を発症した場合に、被害児童の脳性麻痺は、病院の助産師及び医師の分娩監視にかかる注意義務違反によるものだとして、損害賠償責任を認めた事例[*3]等があります。

（阿部裕行）

＊1　東京地裁平成一六年三月一二日判決　＊2　岐阜地裁平成二四年一一月二一日判決
＊3　名古屋地裁平成二六年九月五日判決

Q43

［出産］ **無痛分娩**

最近よく聞く硬膜外無痛分娩を考えていますが、医療事故などの報道を聞いて心配しています。どのようなことに気をつけたらよいでしょうか。

無痛分娩とは、広くは何らかの麻酔を利用してお産の痛みを軽減して分娩を行うことです。一般に広く行われているのは、硬膜外腔に留置したカテーテルで局所麻酔薬等を投与する**硬膜外麻酔**の方法による硬膜外無痛分娩です。硬膜外無痛分娩は、分娩中も意識を保ったままで息むこともできること、麻酔自体の胎児への影響が少ないこと、また、海外で盛んに行われていると報道されていることもあり、実施する医療機関も、希望する人も増えてきました。ただ、硬膜外麻酔に伴うリスクもあり、稀ながら、命にかかわる重篤なものもあります。本来硬膜外腔にあるべきカテーテルが、くも膜下腔（より神経に近い場所）に入ってしまうと、麻酔の範囲や効果が急激に拡大し、血圧低下、呼吸困難、ひいては呼吸停止に至ります（**全脊髄くも膜下麻酔**（**全脊椎麻酔**、**全脊麻**））。また、カテーテルが血管内に入る等により麻酔薬の血中濃度が高くなり過ぎると、舌のしびれやけいれん等の症状が現れ、悪くすれば心停止に至ります（**局所麻酔薬中毒**）。いずれも麻酔の経験豊富な医師が、慎重に麻酔薬を投与し、投与後の患者の状態をよく観察し、異変が現れたら早期に対処することで、重篤な結果を防ぐことができるものですが、そのような診療体制にない中で無痛分娩を行い、異変の発見や対応が遅れると、母児の死亡や脳障害など重篤な結果につながります。

したがって、無痛分娩を行う医療機関が、一般的な出産に伴うリスクだけでなく、万一の麻酔リスクにも対応できる診療体制を備えているか（麻酔に精通した医師がいるか、その医師が麻酔後の経過観察も担いうる体制にあるか、気管挿管など蘇生を含め、異変に対して迅速に対応しうる人的・物的体制が整っているか、など）を確認しておくべきでしょう。

この点、厚生労働省は、二〇一八年三月に「**無痛分娩の安全な提供体制の構築に関する提言**」を出し、無痛分娩を行う医療施設が備えるべき診療体制や、無痛分娩にかかわる医療スタッフに対する研修体制の整備等について提言をしていますが、備えるべき診療体制の一つとして、麻酔科専門医、麻酔科標榜医、もしくは麻酔の研修を積み安全確実に硬膜外麻酔や気管挿管を実施できる産婦人科専門医が、「麻酔担当医」として麻酔を安全に実施し、麻酔の合併症に適切に対応すべきこと（その前提としての経過観察の実施、迅速な対応を可能とする体制の構築）を求めています。そしてこの提言では、無痛分娩を行う医療機関につき、その医療機関の診療体制として、無痛分娩の診療実績、分娩に関連した急変時の体制、麻酔を担当する医師の麻酔科研修歴・無痛分娩実施歴・講習会受講歴などの情報を、ウェブサイト等で提供することを提言しています。無痛分娩を検討する際には、病院等が開示しているこれらの情報も参照するとよいでしょう。

（東　麗子）

Q44

［出産］**出産後の新生児の管理**

赤ちゃんは健康に生まれましたが、三日後お乳を飲まなくなり、体を後ろに弓反りにするなどの異常が現れ、核黄疸と診断されました。命は助かりましたが、脳性麻痺の後遺症が残りました。病院の責任を問いたいです。

生後間もない新生児にとって最も注意すべきものの一つとされているのは、**核黄疸**です。核黄疸は、脳性麻痺の原因をつくる重症黄疸の一種で、血液中の黄疸色素（**ビリルビン**）が新生児の未成熟な脳血液関門を通過して脳の神経細胞に入り、その細胞の機能を破壊することによって起きます。

胎児が胎内にいるときに血液中にあった多量の赤血球は不要になるので、不要な赤血球に含まれているヘモグロビンが脾臓で破壊されてビリルビンに変わります。このビリルビンが便となって体外へ排出されるのが、生理的なビリルビンの処理過程です。大体生後三日になると約九〇パーセントの新生児に黄疸（生理的黄疸）が出ますが、徐々にビリルビン処理能力が向上し、ビリルビンは生まれてから約一週間後には減少していき、黄疸も消失します。

そこで、消失する生理的黄疸か、核黄疸かの見極めが大切だということになります。核黄疸の原因としては、複数ありますが、いずれも血液中の間接型ビリルビンが増強して核黄疸となる点では差がありません。核黄疸の治療法としては、光線療法、交換輸血などがありますが、光線療法は血清ビリルビン値がより低値のうちに開始すべきものとされています。核黄疸の症状の第一期（発症後概ね一両日）には筋肉の緊張の低下、ほ乳力の減退等の症状が見られますが、第一期のうちに適切な治療がされれば神経症状の改善も期待できるので、臨床的に最も重要な時期とされています。第二期（第一期後一〜二週間）では後弓反張（全身が後方弓形に反り返ること）、四肢強直、落陽現象（眼の瞳が落陽のように下方に沈んでいく症状）が出現し、死亡はこの時期に起こることが多いとされています。第三期（第二期後一〜二ヶ月）では症状は減弱ないし消失します。第四期（生後二ヶ月以降）では永続的な後遺症が次第に明らかになります。

核黄疸の症例に関する最高裁判決は、「新生児に黄疸が認められる場合には、それが生理的黄疸か、あるいは核黄疸の原因となり得るものかを見極めるために注意深く全身状態とその経過を観察し、必要に応じて母子間の血液型の検査、血清ビリルビン値の測定などを実施し、生理的黄疸とはいえない疑いがあるときは、観察をより一層慎重かつ頻繁にし、核黄疸についてのプラハの第一期症状が認められたら時機を逸することなく交換輸血実施の措置を執る必要があり、未熟児の場合には成熟児に比較して特に慎重な対応が必要である」として医師の責任を認めました。[*1] 前記最高裁判決の後、核黄疸発症の危険が認められる児に対し、光線療法を開始しなかった医師に対し、義務違反があったとして損害賠償責任を認めた下級審判決が出されています。[*2]

（阿部裕行）

＊1　最高裁平成七年五月三〇日判決　＊2　大阪地裁平成二三年二月一八日判決

Q45

［出産］ **産科医療補償制度について**

産科医療補償制度というものがあると聞きましたが、これはどのような制度でしょうか。

産科医療補償制度は、分娩に関連して発症した**重度脳性麻痺児**に対する補償の機能と脳性麻痺の原因分析・再発防止の機能とを併せ持つ制度として創設され、二〇〇九年一月一日から補償が開始されました。この制度は、①分娩に関連して発症した重度脳性麻痺児及びその家族の経済的負担を速やかに補償すること、②脳性麻痺発症の原因分析を行い、将来の脳性麻痺の発症の防止に資する情報を提供すること、③これらにより、紛争の防止・早期解決及び産科医療の質の向上を図ることを目的としています。お子さんに重度脳性麻痺という障害が発生した場合、その発生の責任が医療機関にあったとしても、それを医療機関が認めない場合には、裁判によって争うほかはありませんでした。しかし、裁判では、原告が、医師の過失・因果関係の主張立証に成功しなければ、被害は何も救済されませんでした。重度脳性麻痺児を抱える家庭の負担は重く、救済を図る必要がありました。そこで、重度脳性麻痺が医療機関の過失に基づくか否かを問わず、一律に補償をする制度ができたのです。この制度で補償を受けた後に訴訟をすることも可能ですが、補償金と損害賠償金の二重取りはできませんので、損害賠償責任が認められた場合には両者の調整を行います。

不幸にして、重度脳性麻痺が発症した場合、補償請求者（児またはその保護者）からの補償認定の依頼に基づき、分娩機関が運営組織（**公益財団法人日本医療機能評価機構**）に対して、補償認定を請求します。運営組織による審査の結果、補償対象と認定された場合、補償請求者は運営組織へ補償金請求書類を提出します。運営組織は損害保険会社に対し補償金（保険金）の請求を行い、損害保険会社から補償請求者に補償金（保険金）が支払われます。補償金額は、準備一時金として六〇〇万円、補償分割金として総額二四〇〇万円（年間一二〇万円を二〇回給付）の合計三〇〇〇万円です。ただし、児が生後六ヶ月未満で死亡した場合や、児の先天性要因や新生児期の要因による脳性麻痺などは、補償の対象となりません。補償請求を行うことができる期間は、児の満一歳の誕生日から満五歳の誕生日までの間です。ただし、症状が極めて重症であって、医師の診断が可能な場合は生後六ヶ月以降から補償の申請ができます。

「産科医療補償制度」に加入するのは、分娩機関ですので、妊婦さんが入る必要はありません。掛金は、分娩機関が負担しますが、その負担に伴い分娩費の上昇が見込まれることから、出産育児一時金の引上げが行われました。掛金は当初は三万円でしたが、二〇一五年から一万六〇〇〇円に下がりました。産科医療補償制度の加入率は二〇一八年一一月現在九九・九パーセント（助産院は一〇〇パーセント）であり、支払い実績は二五〇〇件以上にのぼっています。

（中山ひとみ）

Q46

［がん治療］ がんの見落とし

父は一年前に胃のむかつきを訴えて胃の内視鏡検査を受けましたが、胃薬を処方されて終わりました。症状が治まらず三ヶ月後に別の病院で診てもらったところ、末期胃がんと診断され、すでに手遅れで先頃亡くなりました。最初の病院の検査で胃がんを見落とされた可能性があるとして医療過誤として損害賠償請求できますか。

がんは長い間わが国の死亡原因の第一位を占めており、国民の三人に一人はがんで死亡すると言われています。このように重大かつ身近な病気であることから、**検査や検診でのがんの見落とし**に関して医療過誤にあたるか否か争われた裁判例は多数あります。

一般的に、検査や検診でのがんの見落としについて医療機関の責任追及を考える際には、まず、**検査や検診のときに、現実にがんに罹患していたことが前提**になります。本件に即していえば、患者が胃内視鏡検査のときに実際に胃がんに罹っていたか否かを、胃内視鏡検査時の動画、画像等の検査結果から判断します。

次に、**医療機関が胃内視鏡検査でがんを発見できなかったことに過失があったか**を検討することになります。これは当該患者の検査結果をみて、通常の医療水準であれば胃がんの疑いを抱き、さらに再検査や細胞診等精密な検査を実施すべきだったのに、胃内視鏡検査を実施した医療機関がそれを怠ったと評価できるか、というかたちで検討されます。

裁判例では、最高裁判所が、胃内視鏡検査の結果、当時の医療水準によれば再度胃内視鏡検査を実施すべきであったにもかかわらず、医師が再検査を実施しようとせず心配ないと説明し、内服薬を与えて経過観察を指示するにとどまったことについて医師の過失を認めた高裁の判断を支持しています。[*1]

以上のような検討をして医師に過失があるとの結論に至っても、必ず死亡結果について医師が損害賠償責任を負うとは限りません。つまり、胃内視鏡検査を契機に胃がんを発見できていれば、患者の死亡という結果を防ぐことができたか、という**因果関係**が問題となります。仮に患者の胃がんを発見できていたとしても、その時点ですでに手遅れで治療ができなかったであろうと評価されれば、死亡との因果関係がなく、死亡結果について損害賠償責任を問うことはできません。

もっとも、胃内視鏡検査により胃がんを発見できたとして、その時点で適切な治療を開始していれば、患者が亡くなった時点でなお生存していた相当程度の可能性があったと認められる場合には、一定の額の慰謝料の支払いが認められる可能性があります。

（松井　創）

＊1　最高裁平成一六年一月一五日判決

Q47

［がん治療］ **治療法の選択**

乳がんの乳房温存療法を知り、可能な限り乳房を残すことを希望していましたが、医師から乳房温存療法について十分な説明がされず乳房切除術が施行されました。説明義務違反で精神的損害の賠償を請求できますか。

医師には、患者の疾患の治療のために手術を実施するにあたっては、診療契約に基づき、特別の事情のない限り、患者に対し、当該疾患の診断（病名と病状）、実施予定の手術の内容、手術に付随する危険性、他に選択可能な治療方法（**代替的治療法**）があれば、その内容と利害得失、予後などについて説明する義務があります。この**説明義務**における説明は、患者自らの**自己決定権**の行使を助けるために行われるものです（Q30参照）。

医療水準として確立した療法（術式）が複数存在する場合、患者がどれを選択するか熟慮・判断できるような仕方でそれぞれの療法（術式）の違い、利害得失を分かりやすく説明する義務があります。したがって、医師には、患者が**乳房切除術**及び**乳房温存療法**のそれぞれの利害得失を理解した上でいずれを選択するか熟慮し、決断することを助けるため、乳房温存療法の適応基準を示した上、どの基準を満たさないために乳房温存療法の適応がないと判断したのか、という詳細な理由を説明することはもちろん、再発の危険性についても説明した上で、医師からみれば適応外の症例でも乳房温存療法を実施している医療機関の名称や所在を教示すべき義務がありますので[*1]、説明義務違反での精神的損害の賠償の請求は可能と考えます。

未確立の療法（術式）の場合であっても、相当数の実施例があり、実施した医師の間で積極的な評価がなされているものは、患者に当該療法（術式）の適応の可能性があり患者が自己への適応の有無、実施可能性に強い関心を有することを医師が知った場合には、医師の知っている範囲内で、当該療法（術式）の内容、適応可能性やそれを受けた場合の利害得失、当該療法（術式）を実施している医療機関の名称や所在などを説明する義務があります[*2]。

乳がんもそうですが、**がん治療法**は、主要なものとして**手術治療**（**外科的切除**）、**化学療法**（**抗がん剤治療**）、**放射線治療**（**含む粒子線治療**）の三つがあります。いずれもがん細胞を体内から消滅させることを目的とした治療です。がんの種類、進行度に合わせ、これらの一つのみを行うこともあれば二つ以上の治療法を組み合わせての治療が行われる場合もあるわけですが、医師は、各治療法のそれぞれの効果、副作用につき十分患者に説明しなければならない義務を負っているのです。

（山内　容）

＊1　高松高裁平成一七年六月三〇日判決　＊2　最高裁平成一三年一一月二七日判決

Q48

[がん治療] **がんの告知**

医師には、患者ががんであることについて告知する義務はあるのでしょうか。

原則として告知する義務はありますが、例外的に告知義務を負わない場合もあります。

最高裁判所は、外科手術を要する乳がんの治療について「医師は、患者の疾患の治療のために手術を実施するにあたっては、診療契約に基づき、特別の事情のない限り、患者に対し、当該疾患の診断（病名と病状）、実施予定の手術の内容、手術に付随する危険性、他に選択可能な治療方法があれば、その内容と利害得失、予後などについて説明すべき義務があると解される。」と判断しています。[*1] このように、医師は、診療契約上の義務として、がんの具体的な症状やその治療方法等について患者に説明すべき義務を負うのが原則ですが、前記最高裁判決でも「特別の事情のない限り」と限定を付しているように、例外もあり、患者に対する**がんの告知**が過大な精神的打撃となり、その後の治療の妨げになるような場合や、告知しても患者が内容を理解できない場合などには、患者に告知しなくても義務違反にはならないと考えられています。

このように例外的に、告知が患者に与える影響に配慮して医師が患者本人に対する告知をしないと判断した場合について、最高裁判所は、「患者が末期的疾患にり患し余命が限られている旨の診断をした医師が患者本人にはその旨を告知すべきではないと判断した場合には、患者本人やその家族にとってのその診断結果の重大性に照らすと、当該医師は、**診療契約に付随する義務**として、少なくとも、患者の家族等のうち連絡が容易な者に対しては接触し、同人又は同人を介して更に接触できた**家族等に対する告知**の適否を検討し、告知が適当であると判断できたときには、その診断結果等を説明すべき義務を負うものといわなければならない。告知を受けた家族等の側では、医師側の治療方針を理解した上で、物心両面において患者の治療を支え、また、患者の余命がより安らかで充実したものとなるように家族等としてのできる限りの手厚い配慮をすることができることになり、適時の告知によって行われるであろうこのような家族等の協力と配慮は、患者本人にとって法的保護に値する利益である。」と判断をしています。[*2] 法的には、診療契約上の当事者は患者であり医師の説明義務も患者本人の自己決定権を保障するために課せられているものですから、この最高裁判決は、家族に告知を受ける権利があることを認めたものではなく、診療契約の当事者である患者本人との関係において、医師が家族への告知・説明の義務を負う場合があり得る旨を示したものです。

最近は、患者がインターネットで病気について調べてから受診することが多くなってきました。患者が玉石混交のインターネットの情報に惑わされず、**自己決定権**を行使するためには正確な病名や病状を知る必要があり、がんの告知の重要性は従来以上に増していると思われます。（山口貴士）

＊1　最高裁平成一三年一一月二七日判決　＊2　最高裁平成一四年九月二四日判決

Q49

［がん治療］ **胃がん手術後の管理**

胃がんの摘出手術を受けた患者が、手術をして間もない期間に死亡した場合、医師や病院に術後管理の過失を問題にして損害賠償請求できるでしょうか。

疾病に対する医療行為の一つとして手術が行われますが、手術はその措置だけで完結するものではなく、**手術後の患者の容態観察、管理を適切にすること**によってはじめて十分な治療効果を収めることになります（Q22参照）。したがって、これらが適切になされないことにより患者を死亡させた場合には、医師や病院は損害賠償責任を負うことになります。

胃がん摘出手術について、膵液の漏れ、縫合不全、腹壁の感染、肺炎、出血、腸閉塞などが合併症としてあげられています。**術後管理**は、これらの合併症を予防し、もし合併症が発生した場合は、適切な対策を講じることです。

胃がん摘出後の術後管理が問題になったケースとしては、①胃がんのため胃亜全摘手術（胃体部のがんに対し、胃の一部を残して五分の四以上胃を切除する手術）を受けた患者が、縫合不全により発生した腹腔内膿瘍の治療中に残胃穿孔が生じ、腹腔内出血を引き起こして死亡した場合に、縫合不全の存在を疑わずに経口摂取を続けたこと、縫合不全により発生した横隔膜下の膿瘍を除去するためにドレーンの追加留置を早期に実施しなかったことなどの術後管理上の過失があったとしたもの[*1]、②胃がんのための胃亜全摘手術により食道と空腸の吻合部に縫合不全による孔が発生し、胆汁等の消化液が胸腔内等に漏出して胸腹膜炎により死亡した場合に、縫合不全の症状を看過しその発見が遅れたことに術後管理上の過失があるとしたもの[*2]、③胃がんの手術後の患者が呼吸不全等により死亡した場合に、術後の呼吸機能や喀痰排出が適切に行われているか等適切に確認し、症状の把握に努めるべきであり、また適切な措置を検討すべきであったのに、しなかった担当医師らの術後管理に過失があったとしたもの[*3]、④胃がんの摘出手術を受けた患者が敗血症を発症して死亡した場合、点滴用カテーテルが細菌に汚染されていたための院内感染によるものであるとして、清潔保持等の徹底等を怠った過失がある、敗血症等に対する適切な治療等（特に適切な呼吸管理）を怠った過失があるとしたもの[*4]、⑤手術後に罹患したＭＲＳＡについて、ＭＲＳＡを含む術後感染症を疑うべき所見が見られたのに、細菌検査を行わなかったことが注意義務違反であるとして術後管理上の過失と認めたもの[*5]等があります。

これらの判決では、手術後の患者の状態を適切に把握し、その上で適切に処置すべきであったのにしなかったとして、術後管理上の過失が認められています。

（櫛田泰彦）

＊1　広島地裁平成九年五月二九日判決　＊2　京都地裁平成四年一〇月三〇日判決
＊3　横浜地裁川崎支部平成五年一二月一六日判決　＊4　新潟地裁平成一八年三月二七日判決
＊5　大分地裁平成二一年一〇月一日判決

Q50

［院内事故］**院内感染**

医療機関内でＭＲＳＡに感染したと言われました。院内で感染した場合、医療機関に責任はないのでしょうか。

院内感染とは、医療機関で新たに細菌やウイルスなどの病原体に感染することをいいます。対義語は「市中感染」です。院内感染が起こる原因としては、①医療機関においては抵抗力が低下して感染しやすい状態にある患者がたくさんいること、②その一方で、医療機関には様々な抗生物質が使用されているので薬剤耐性病原体が生まれやすいこと、③そもそも医療機関には薬剤耐性病原体を保有した患者が集まること、④注射や手術などの医療行為の際に病原体が体内に侵入するリスクがあることなどが考えられています。

院内感染が認められる病原体には様々なものがありますが（緑膿菌、腸球菌、サルモネラ菌など）、特に問題となるのが**ＭＲＳＡ**（メチシリン耐性黄色ブドウ球菌）です。ＭＲＳＡとは、その名のとおり、メチシリンという抗生物質に耐性を有する黄色ブドウ球菌ですが、実際には、それ以外のほとんどの抗生物質にも耐性を有しています。バンコマイシンという抗生物質はＭＲＳＡにも有効とされていますが、近時、バンコマイシンにも耐性を有するＭＲＳＡの存在が確認されています。ＭＲ

SAが健康な人の皮膚から検出された場合には特に問題がないようですが、抵抗力が低下した患者に感染して、これがいったん発症すると治療が困難だといわれており、場合によっては死に至ることもあります。

裁判で院内感染について争われるケースとしては、①院内感染を生じさせたこと自体が医療機関（もしくは医療従事者）の責任といえるか、[*1] ②院内感染の早期診断を怠ったのではないか、[*2] ③院内感染の早期治療を怠ったのではないか、というものがあります。

医療法六条の一二、医療法施行規則一条の一一第二項一号は、医療機関に対して、「院内感染対策のための体制の確保に掛る措置」として、指針の策定、委員会の開催、研修の実施等を求めています。そのため、①の責任を追及する場合には、医療機関の指針等と医療記録を照合して、医療機関（もしくは医療従事者）の責任があるか否かを検討する必要があります。また、①の責任が認められないとしても、②または③の問題が残りますので、この点についても十分に検討する必要があります。

（中村新造）

＊1　大阪地裁平成一二年一月二四日判決　＊2　東京高裁平成二一年九月二五日判決

Q51

［院内事故］カテーテル感染症

父が大腸がんの摘出手術後、血管内留置カテーテルによる感染症から敗血症を発症して亡くなりました。病院の責任を問うことはできるでしょうか。

カテーテルとは、薬液の注入や体液の排出などを目的として体内に挿入される細い管をいいます。直接体内に挿入、留置されるため、感染予防が不十分であると、カテーテルを原因とする感染症（**カテーテル感染症**）を引き起こすリスクが高くなります。

血管内留置カテーテルの感染経路としては、①挿入部位の皮膚に存在する菌がカテーテル経路に侵入し、またはカテーテルの表面に沿って入り込むこと、②カテーテル外側表面や接続部の汚染、③輸液の汚染、④他の感染病巣から血流に乗って微生物が運ばれ、カテーテル表面に付着することなどが考えられます。病院には、前記の感染経路を踏まえて適切な感染症防止策を実施する義務がありますので、患者側としては、このような策がとられていなかったとして、病院の責任を追及することが考えられます。具体的には、カテーテル挿入時の無菌措置が十分になされていたか、カテーテル留置中の挿入部位の消毒、輸液の管理、接続部の交換等が適切になされていたか等を調査し、検討する必要があります。裁判例でも、胃亜全摘術を受けた患者が敗血症に罹患して死亡した事案で、敗血症の原因は汚染されたカテーテルを長期間留置したことによるカテーテル感染であり、看護師らが無菌的な処置を徹底していれば汚染を防ぐことができたとして、感染症防止対策を実施すべき注意義務違反を認めた事例があります。[*1]

さらに、生じてしまったカテーテル感染症に対する病院の対応が不適切であったとして、病院の責任を追及することも考えられます。具体的には、より早期にカテーテル感染症に気づくべきであったのではないか、また、気づいた後の処置が不適切であったのではないかといったことを検討することになります。

裁判例では、食道がん手術後の患者がカテーテル感染症から敗血症を発症し死亡した事案について、術後の一定期間、医師がカテーテル感染ではなく術後の急性期反応を疑ったことは不適切とはいえないものの、カテーテル感染症を疑ってカテーテルを抜去した後は、血液培養検査を実施すべきであったなどとして義務違反を認めたものがあります[*2]（もっとも、義務違反と患者の死亡の間には因果関係はないとして、最終的に病院の責任は否定されています）。また、大腸がんの切除手術後に中心静脈カテーテルを留置された患者が、カテーテル感染症から敗血症を発症し死亡した事案について、医師が縫合不全を疑ったと主張したことに対し、状況に鑑みると、医師としてはカテーテル感染症を疑って早期にカテーテルを抜去すべきであったと判断して責任を認めた例があります。[*3]

（岸本侑子）

＊1　新潟地裁平成一八年三月二七日判決　＊2　札幌地裁平成二七年三月二五日判決
＊3　東京地裁平成一八年一一月二二日判決

Q52

［院内事故］**痰の吸引**

痰の吸引は、どうして必要なのですか。
痰の吸引にはどのような危険があるでしょうか。

痰とは、気道からの分泌液を主成分とした粘液で、気道の粘膜の炎症等により生じる死んだ細胞や、外界から気道内に侵入した細菌やウイルス等をからめとり喉まで運び、体外に排出されるものをいいます。気管の炎症などが起こると、過剰分泌となり、咳により痰が排出されます。意識障害や、筋疾患、呼吸不全、開胸開心手術、気管切開手術などが原因で、**嚥下障害**が発生したり、咳ができない患者は、喉や気管に溜まった痰を排出できません。そのままだと気道や肺に痰が溜まり窒息したり、肺炎になるので、**痰を吸引する必要**があります。感染症を発症したり、呼吸器の手術後には、一日に一リットルもの痰が排出されることがあり、気道の閉塞や肺の合併症を防ぐために、痰の吸引は非常に重要な行為です。痰の吸引は、吸引器を喉や気管に挿入し陰圧をかける、簡単にいうと掃除機のように吸い出し、痰を吸引します。これは、患者にはとても苦痛だといわれていますす。そこで、**カテーテルによる吸引**と並行し、水分を噴霧し痰を軟らかくしたり、体位を変えたり胸を軽く叩いたりして痰の移動を促進するなどの**排痰法**が行われることもあります。

平成二四年の法改正により、現在では、家族に加え、一定の要件の下に、家族以外の介護職員等であっても、鼻腔内、口腔内、**気管カニューレ**内の吸引を行うことができます。

痰の吸引に関連する院内事故としては、大きく分けて、①吸引が必要であるのに吸引が適切に行われなかったケース、②吸引行為自体に過誤があったケース、が考えられます。

①に関する裁判例で、気管切開手術後、気管カニューレ（パイプ状の器具）が痰により閉塞したことにより窒息し低酸素脳症に陥り、昏睡状態となった患者の訴訟で、「原告〇〇の痰は、粘稠性で、時折血が混じっていたことからすると、通常の痰とは異なる凝血塊のようなものが生じる可能性も十分考えられたことなどにも徴すると、被告病院の医師らは、本件事故当時、少なくとも、原告〇〇の呼吸状態を綿密に観察するとともに、頻回に、痰の吸引、気管カニューレの交換を行い、痰による**気道閉塞**及び呼吸困難を防止すべき注意義務を負っていたものというべきである」と判示したものがあります[*1]。ただ、一般的には、痰の吸引には苦痛を伴うので、定期的には行わず、患者が呼吸苦を訴えた場合や、顔色が悪いなどの徴候があって初めて行われることが多いようです。前記裁判例のように、患者の状態から、特に痰排出の必要性を定期的に確認すべき場合、医師らにその義務が認められます。②については、未熟な者による吸引器具の操作ミスとして、気道内の粘膜を引きはがしてしまうことによって出血が生じたり、吸引器具の汚染により、**人工呼吸器関連肺炎（VAP）**が発症するといったケースがあります。

（石丸　信）

＊1　東京地裁平成一八年三月六日判決

Q53

［院内事故］**誤嚥**

高齢の母が、透析の目的で入院中に、激しく咳き込むようになり、数日後、入れ歯が喉の奥に詰まっていることが分かりました。無事取り出すことができましたが、病院に責任はないでしょうか。

入院中の患者が、体力が落ちていることが多いために、細かく噛み砕きにくい食べ物を気管支に詰まらせたり、入れ歯を喉に詰まらせたりすることは、それほど珍しいことではありません。小さな子どもであれば豆類を気管に詰まらせたりすることがあるでしょうし、高齢者であれば、比較的大きな入れ歯を食道に詰まらせることもあり得ます。そして、患者が小さな子どもであれば、何がきっかけでそうなったかを説明できないこともあるでしょうし、大人であっても、痴呆が進んでいる高齢者であれば、同様です。このため、家族などの付添人だけでなく、医師、看護師といった医療従事者であっても、すぐには原因が分からないことがあります。

このため、咳き込んでいたりしても、初期の段階では、**誤嚥**が見過ごされて、気管支炎などと誤診されてしまい、そのための治療を行っても食欲不振による体重減少が続いたりした後に、ようやくX線検査等で発見されるということがあります。また、稀なことではありますが、X線写真の端に大きめの金属片が写っていても、医師が、異物の誤嚥を疑っておらず、肺の状態の観察などといった他の目的でX線写真を見ているような場合には、比較的大きな物の誤嚥であったとしても、見過ごされてしまうことがあります。

それでも、誤嚥を疑うべき事情（ピーナッツを食べたとか、入れ歯がなくなったなど）を、医師か看護師が得ることができていたはずなのに、十分な聴き取りや検査をすることなく誤嚥を見過ごしてしまい、異物を取り除くのが遅れたというような場合であれば、その間の肉体的・精神的苦痛に対して、慰謝料が認められてよいと考えます。

また、誤嚥を発見したのに、一部を取り除いただけで安心して、十分な検査をすることなく、もっと奥の方にも詰まっていたのを見過ごしてしまい、取り除くのが遅れたというような場合も、その間の苦痛に応じた慰謝料が支払われるべきでしょう。

なお、その誤嚥を見過ごしたことに医療機関の過失があり、そのことによって、より重篤な症状（膿瘍や肺炎、窒息など）が招かれたといえるときは、そのような結果に対しても、医療機関に賠償を求めることができることになります。[*1]

（榎園利浩）

*1　福岡地裁平成一九年六月二六日判決

Q54

［院内事故］ **褥瘡（床擦れ）**

知人の親のことですが、入院中、仙骨部にできた褥瘡が元で感染症に罹り、それが原因で死亡してしまいました。

このような場合、医療事故として病院に損害賠償請求をすることができますか。

褥瘡《じょくそう》とは、長時間にわたり同じ体勢で寝たきりになった場合に、体と寝具の接触箇所で血流が不全となった結果、皮膚組織に壊死を起こすことをいいます。「**床擦れ**」とも言われます。

健常人は、就寝中でも一五分に一回程度の割合で無意識に寝返りを打つことにより圧迫部を除圧し、血流が長期間途絶することを回避しています。これに対して、脊髄損傷の患者や寝たきりの高齢者は、自分で体を動かすことが困難であるので、放っておくと長時間にわたり同一部位が圧迫にさらされ、褥瘡を発症することになります。褥瘡ができやすい部位は、骨が出っ張っていて寝た状態において寝具などと当たりやすい箇所であり、**仙骨部**（おしりの中心）、**踵骨部**（かかと）のあたりなどがそれに該当します。皮膚が赤みを帯びて圧迫を除いても赤みが消失しないのが初期の段階の褥瘡です。悪化すると、傷害が真皮に及び、さらに進むと、皮下組織に達する欠損が生じている状態にまで至ります。そして、最も重い段階に至ると、筋肉・脂肪・骨まで損傷が及ぶことになります。感染症に罹ると、初期段階の褥瘡でも治りが遅くなり、最悪の場合、感染が血液にまで広がり（敗血症）、命にかかわる事態にもなります。

褥瘡は予防策をとることが極めて重要とされます。長時間、同じ部位が圧迫されることを防止するために、**体位変換**を行うべきであり、概ね二時間に一回が目安とされます。軽い段階で発見するためには、患者の皮膚を丁寧に観察することも必要です。段階が進んだ褥瘡に対しては壊死組織の外科的切除を行う場合もあります。感染症を発症している場合は、抗生剤の投与が行われます。

本件においては、**病院の褥瘡予防対策または褥瘡治療に過失があったと言えるか**がポイントになります。この過失の有無を判断する前提として、褥瘡がいつ頃発症し、どのように重症化していったかという事実経過が重要になってきます。診療録や看護記録に正確な記載が残っていればよいですが、病院の観察、記録が杜撰なこともあり、このような場合、付き添いの家族の日記やメモに記された観察が頼りになることもあります。近時の裁判例では、患者が入院中に褥瘡を発症し、その後転院先の病院で死亡したケースについて、患者の仙骨部の発赤について鑑別及び経過観察をすべき義務を怠った過失を認め、約六六八万円の損害賠償を命じたものがあります。[*1] 褥瘡管理については、介護施設の責任が問われるケースもあり、入居者が、褥瘡の悪化に起因する敗血症で死亡したケースについて、介護付き有料老人ホームの褥瘡管理の過失を認めた裁判例があります。[*2]

（武谷　元）

＊1　東京高裁平成三〇年九月一二日判決　＊2　横浜地裁平成二四年三月二三日判決

Q55

［院内事故］**転倒事故**

父は脳梗塞で入院していた病院で、夜間トイレに行こうとしてベッドから転倒したらしく、病室で倒れているところを発見されました。その際頭部を床に打ち付けたらしく、硬膜下血腫があると診断されました。病院ではこのようなことがないよう患者を拘束したり、監視する義務があるのではないですか。

医療機関は患者を入院させたら、入院の目的となっている疾病の治療だけではなく、その患者の具体的な症状等を適時に把握し、それに応じて適切な医療及び看護上の措置をとるべき義務を負っています。その義務の中には、当然患者の**転倒防止**のためになすべき義務が含まれます。

問題は、それらが具体的にどのような義務か、です。例えば、患者を二四時間監視していなければならない義務を課することは病院の物的・人的能力の限界から不可能です[*2]。また、**身体拘束**は患者に対し身体的弊害や精神的弊害を与えるものですから、制約的に行使すべきです。

結局、本件のように、ベッドから降りる際、あるいは降りた後に転倒事故が生じる可能性があることが予測できる場合、それを**回避すべき注意義務**があります[*1、*2]。例えば、看護師のいない時にはベッドから降りることを禁止することが考えられます。禁止しても降りてしまう場合は、その患者がどのような場合にベッドから降りて歩行しようとするのかを良く把握し、それに応じた予防措置を講じることが要求されると言えます。例えば、患者がトイレに行く時にベッドから降りるのであれば、排尿・排便を看護師が介助したり、トイレ誘導を頻回に行う義務があるといえます。また、患者が夜間もベッドから降りようとする傾向にあれば、夜間であっても看護師の訪室を省略せず、一時間に一回程度は行う義務があると考えることもできます。

前記のような義務を医療機関が果たしていたかは、看護記録を入手しないとわかりません。看護記録には通常、看護師の訪室の記録、看護師が観察した患者の様子などの情報が具体的に記載されているので、前記のような病院の責任を考えるのに参考になります。

（羽賀千栄子）

＊1　東京地裁平成二四年一一月一五日判決　＊2　広島地裁三次支部平成二六年三月二六日判決

Q56

［院内事故］ 患者の身体拘束

夫（八三歳）は入院先の病院で、看護師から体を紐のようなものでベッドに拘束されていました。入院患者に対する身体拘束は違法とならないのでしょうか。

医療機関や介護施設においては、医療ないし保護の見地から、**身体拘束**が必要とされる場合があります。しかし、身体拘束は、患者や被介護者の尊厳を害し、身体機能の低下や精神状態の悪化をも招きかねませんので、必要最小限にとどめられるべきです。

この点、精神科病院に入院中の患者については、一定の要件を満たす場合に身体拘束を含む制限を行うことができると法律で定められており（精神保健及び精神障害者福祉に関する法律三六条）、精神科病院における身体拘束の適法性は、同法の要件を満たすか否かによって判断されます。また、介護保険法に基づき定められた介護老人保健施設の施設運営基準においては、「緊急やむを得ない場合」以外の身体拘束が禁止されています。そして、厚生労働省が平成一三年に公表作成したガイドライン「**身体拘束ゼロへの手引き**」においては、①切迫性（利用者本人又は他の利用者等の生命又は身体が危険にさらされる可能性が著しく高いこと）、②非代替性（身体拘束その他の行動制限を行う以外に代替する介護方法がないこと）、③一時性（身体拘束その他の行動制限が一時的なものであること）

の三つの要件をすべて満たすことを「緊急やむを得ない場合」の要件としています。したがって、介護保険施設における身体拘束の適法性はこの三要件を満たすかによって判断されます。

他方、精神科病院以外の一般病院においては、身体拘束について明確に規定した法令はありません。この点、裁判例としては、夜間せん妄等の傾向のある患者（当時八〇歳）に対し、看護師らが**抑制具**（ミトン）を用いてその両上肢をベッドに拘束した行為の適否が問われた事案において、入院患者の身体を抑制することは、その患者の受傷を防止するなどのために必要やむを得ないと認められる事情がある場合にのみ許容されるとしつつ、具体的な事情のもと、転倒、転落により患者が重大な傷害を負う危険を避けるため緊急やむを得ず行われた行為であるとして、違法性を否定した最高裁判例があります。[*1] この判例は、身体拘束が適法とされるための一般的な基準等を示したものではありませんが、必要やむを得ないと認められる事情があるか否かの判断にあたり、**切迫性・非代替性・一時性**の要素について検討しており、前記三要件は、医療機関における身体拘束の適否を判断するうえでも重要な要素となると考えられます。

本件でも、具体的な事実関係のもと、前記三要件も含めた諸事情を総合的に考慮し、患者の受傷防止等のために必要やむを得ず行われたと言えるかにより、身体拘束の適法性を判断することになります。なお、近年、一般病棟においても身体拘束を制限していこうという傾向が強まっており、今後の法改正や裁判例の動向が注目されます。

（尾形繭子）

＊1　最高裁平成二二年一月二六日判決

Q57

［院内事故］**精神疾患患者の自殺**

息子は数年前に統合失調症を発病し、入院していましたが、先日、病院内でタオルを使って自殺をはかり、亡くなりました。息子が入院していた病院に対し、賠償を求めることはできますか。

このケースは、治療等の医師の行為そのものではなく、**自殺**という患者の行為によって生じた結果に対し、医師や病院に法的責任を問うことができるかが問題となるという点に特徴があります。精神疾患患者は、一般的に自殺の可能性が高いと言われています。そのため、医師及び看護師は、それぞれの役割に応じて、患者に対し、適切に治療行為等を行うべき義務を負うとともに、その前提として、患者の保護を図り、患者が自殺に及ぶ危険が認められる場合には、自殺を防止すべき義務（**自殺防止義務**）を負っています。したがって、医師や看護師がこの義務に違反したという事実が認められれば、病院に対し、慰謝料や逸失利益等の損害賠償を求めることができます。

では、医師や看護師は、どのような場合に自殺防止義務に違反したといえるのでしょうか。

そもそも医師や看護師が自殺防止義務に違反したというためには、前提として、その医師や看護師に、患者の自殺を予見する可能性（**自殺予見可能性**）があったといえなければなりません。自殺予見可能性があったといえるかどうかは、患者が、「自殺したい」という気持ちを外部に表明していたかどうか、過去に自殺未遂をしたことがあるかどうか等のあらゆる事情を総合して判断されます。

判例の中には、本件のように精神疾患患者が病院内で自殺したという事案で、患者が「自殺したい」という気持ちを強く表明しており、医師には自殺予見可能性があったとして病院に対する損害賠償請求を認めたものがあります[*1]。他方、患者が自殺直前にとくに不審な状態を見せていなかったことから、医師には自殺予見可能性がなかったとして病院に対する損害賠償請求を否定したものもあります[*2]。このように、判例は、具体的な事実に応じて医師や看護師に自殺予見可能性があったといえるかどうかを検討しており、病院に対する損害賠償請求が認められるかどうかはケース・バイ・ケースです。

患者や病気の種類などに個人差があるので、自殺予見可能性があったかどうかの判断は決して容易なものではありません。現に、一審と二審とで全く正反対の結論になった事案もあります[*2]。

病院に対し損害賠償を請求する際には、患者が自殺行為前にどんな言動をしていたか、「自殺したい」と話したことがあるかどうか、自殺未遂をしたことがあるかどうか、患者が自殺したいと考えていることを医師や看護師が知っていたかどうか等の事実を、一つひとつ丁寧に主張・立証する必要があります。

（尾形繭子）

＊1　東京高裁平成一三年七月一九日判決、東京地裁平成七年二月一七日判決
＊2　福岡高裁那覇支部平成二二年二月二三日判決

Q58

転医義務

医師は、どのようなときに患者を他の医療機関に転送することが必要になるのでしょうか。

医師が患者を診察した結果、疾患がその医師の専門外であったり、当該医療機関にはその疾患に対して十分に診療行為を実施できる人的・物的設備がない場合があります。そういう場合、医師は、**他の医療機関で診察を受けることを指示し、あるいは他の医療機関に転送しなければならない（転医義務）**ものとされています。これは、診療契約の内容または不法行為法上の注意義務になっていると考えられています。

その注意義務の基準となるべきものは、**診療当時の医療水準**です。すなわち、診療を求められた医師が、患者に一定の疾患を疑うべき場合に、当該医療機関においては医療水準になっている検査・診療をすることができないときは、医療水準に応じた検査・診療をすることのできる医療機関へ患者を転送し、または転医のための説明をしなければなりません。特定の治療法等を実施するための転医義務の有無については、その治療法が診療当時の臨床医学の実践における医療水準として確立しているか否かを基準として判断すると考えられています。

また、特定の重大な病気の疑いがあると判断した場合に転送するのは当然ですが、特定の重大な病気の疑いがあるとまで判断できない場合でも、**自ら検査も診療もできない何らかの重大な病気の可能性を認識しえた場合**には、転送義務が生じます。開業医について、病名は特定できないまでも、自ら開設する診療所では検査及び治療の面で適切に対処することができない何らかの重大で緊急性のある病気に罹っている可能性が高いことを認識することができたなどの事情の下では、高度医療機関への転送義務が生じるとした判例があります。[*1]

それでは、医師は、転送の際どのようなことに配慮すべきでしょうか。

第一に、転医先に対し、受け入れの可否を打診し、あらかじめその承諾を得ておく必要があります(**求諾義務**)。黄疸症状のある新生児を検査等のため転送するにあたり、転医先に対し、受け入れの可否の打診や承諾を得ることなく、「新生児を送ったからよろしく頼む」と一方的に電話しただけの開業産婦人科医の措置について、求諾義務違反を認めた判例があります。第二に、転医先に患者の状態等を説明する必要(**説明義務**)があります。患者を転送する際には、それまでの診療経過による主たる診断に加えて、今後鑑別すべき診断がある場合、特に鑑別すべき診断が重大疾病である場合には、転医先の医師にその旨を説明すべきです。第三に、医師は患者を転医させる際、安全かつ適切な方法で搬送する必要があり、患者にとって負担になるような方法や患者を危険にさらすような方法で搬送することは、転医義務違反になりえます。[*2]

(櫛田泰彦)

＊1 最高裁平成一五年一一月一一日判決　＊2 名古屋地裁昭和五九年七月一二日判決

Q59

臓器移植と医療過誤

臓器移植に特徴的な医療過誤事案としてはどのようなものがあるでしょうか。

レシピエント（臓器受領者）の体内では移植された臓器を攻撃する拒絶反応が生じます。いわゆる**免疫反応**です。**免疫**とは、その名のとおり「疫を免れる」ことであり、体外から侵入してくる微生物に対する感染防御、臓器移植にみられる異物に対する拒絶反応などに重要な役割を果たしています。

このため、臓器移植されたレシピエントに対しては**免疫抑制剤**の投与が不可欠です。代表的な免疫抑制剤としては、一九七八年に開発されたシクロスポリンが有名です。しかし、免疫抑制剤を投与しますと、必然的にレシピエントの免疫機能は低下し、感染症に罹りやすくなります。臓器移植をしたレシピエントに対しては、移植された臓器への拒絶反応の抑制と感染症の予防という双方の観点からの治療方法が要請されます。

心臓移植を受けたレシピエントに対するシクロスポリンの投与量を従前の投与量から大幅に減少投与したことに医師の過失があり、そのため心臓移植の合併症である慢性拒絶反応（冠状動脈硬化性病変）を発症させたか、少なくともそれを悪化、重篤化させ、その結果レシピエントが心不全で死亡したと判断して、医師に損害賠償責任を認めた裁判例があります。[*1] この裁判例は、心臓移植を受けたレシピエントの生存可能年数は一般通常人よりは相当程度低いことを理由に、死亡しなければ得られたであろう将来の収入減を塡補する逸失利益について、通常人が死亡した場合の三分の一程度を認定しました。

また、生体肝移植を受けたレシピエントがＭＲＳＡ感染症により感染性心内膜炎を起こし脳内出血で死亡した事案において、ＭＲＳＡに薬剤感受性のあるバンコマイシンを早期に投与していれば「レシピエントが死亡した時点において未だ生存していた相当程度の可能性があった」と判断して、医師に慰謝料六〇〇万円の支払いを命じた裁判例があります。[*2]

（伊藤　皓）

＊1　大阪地裁平成一三年一月一九日判決　＊2　名古屋地裁平成一九年二月一四日判決

Q60

高齢者医療

医療事故の被害者が高齢者の場合、何か留意する点はありますか。

わが国の高齢化現象に伴い、医療や介護に関連する法律相談にも、**高齢者**の方に関する相談がとても多くなっています。医療や介護に関する相談のうち、高齢者に特有の類型としては、①免疫力の低下による**感染症**の事例（Q50）、②食事中の**誤嚥**の事例（Q53）、③**褥瘡**（床擦れ）の事例（Q54）、④歩行中の転倒やベッドからの転落が問題となる**転倒・転落**事例（Q55）、⑤その他これらに当てはまらない事例があげられます。①から④については、本書の各項目をご参照いただくとして、ここでは⑤のその他の類型について見ていきたいと思います。

まず、**治療方法の適応**に関する問題です。患者の年齢は、治療方法の選択にあたって重要な要素となります。患者の年齢が高いのでリスクのある治療方法は選択できないという場合もあるでしょうし、逆に、他の治療の選択肢がないからリスクのある治療方法しか選択できないという場合もあるでしょう。治療が行われた結果、あるいは行われなかった結果、不幸な結末を迎えた場合に、前者であれば治療を行うべきでなかったのではないか、後者であれば治療を行うべきだったのではないか、とお考えになるご家族の方は多くいらっしゃいます。このような場合に治療方法の選択に過失があったかといえるか否かは、治療方法の選択に関する医師の裁量が問題となります。ケースバイケースですが、一般的に、裁判所は、専門家としての医師に広い裁量があると考える傾向にあり、過失が認められる場合は必ずしも多くないといえるでしょう。

次に、**薬剤の投与**に関する問題です。高齢者はいろいろな臓器の機能が低下し、薬剤の代謝や排泄機能が低下していますので、通常の投与量では多すぎる、あるいは投与自体できないという場合があります。例えば、薬剤の添付文書には、高齢者に対しては慎重に投与するようにという注意書きが非常に多く見られます。このような場合であっても、薬剤の投与が直ちに過失と評価されるものではなく、患者の具体的な状況や投与方法、他の選択肢の有無などが過失の有無の判断材料となります。なお、薬剤の投与自体ではなく、薬剤投与後の経過観察が問題となる場合もあります。

最後に、**検査**に関する問題です。高齢者の場合、検査を行うことだけでも危険が伴うことがあります。医師が、検査を行うこと自体を危険と判断し、検査を実施しなかった場合に、検査をしていれば病気が発見できて治療が可能だったはずなのに、というご相談がときどきあります。このような場合も、検査に伴う危険性の程度や患者の状況等を総合的に考慮して、過失の有無が判断されます。

このように、高齢者であることそれだけから過失の有無についての結論が導かれるものではありませんが、高齢者であることが過失の有無の判断材料となることは珍しくありません。（石丸　信）

Q61

介護事故

介護事故について教えてください。

介護とは、身体上または精神上の障害があることにより日常生活を営むのに支障がある者に対し、入浴、排泄、食事といった日常生活上の基本的な動作を介助（手助け）することを意味します。介護の目的は、被介護者の尊厳を保持しつつ、自立した日常生活を営むことができるよう支援することにあり（介護保険法一条参照）、病気を治すことを目的とする医療や、傷病人の手当てや世話をする看護とは異なります。

介護の過程で生じる介護事故としては、例えば、転倒、転落、誤嚥（食べ物などが誤って気道に入ってしまうこと）、感染、褥瘡（床擦れ）、徘徊や入浴による事故などがあげられます。特に転倒・転落事故は多く、裁判例でも施設のトイレ内での転倒[*1]、送迎車両乗降時の転倒[*2]、ベッドからの転落[*3]など様々なケースがあります。なお、転倒等を防止するために、被介護者の身体を拘束すること（体幹や四肢の束縛、ベッド柵の設置、向精神薬の過剰投与など）に関しては、受傷を防止するなどのために必要やむを得ないと認められる事情がある場合にのみ許容されると考えられています。[*4]その他、介護事故には、医療機関への搬送義務や**転送義務**が問題となるケースもあり、介護施設の人的物的体制や被介護者の状態等に照らして、医療機関に速やかに連絡して医師の診療を受けさせるべき義務を肯定した裁判例もあります。[*5]

介護施設側の損害賠償責任を追及するにあたっては、その法的構成が介護契約に基づく債務不履行であろうと不法行為であろうと、事故発生についての予見可能性があったか、結果回避措置を講じていたかが問題となります。

予見可能性の判断にあたっては、被介護者側の事情（年齢、病状、日常行動など）、施設や設備の構造（転倒事故であれば段差や手すりの有無など）のほか、当該事故発生までの状況（転倒歴や誤嚥歴があるとか、徘徊傾向があったなど）などが考慮されます。また、いかなる内容・程度の結果回避措置を講ずべきであったかは、当該介護施設の人的物的体制（職員の人数、配置状況、施設の規模や性質など）を考慮して判断されます。医療事故における注意義務の基準は「診療当時のいわゆる臨床医学の実践における医療水準」ですが、介護事故における注意義務の基準を明示した裁判例はありません。もっとも、介護老人保健施設において医療行為に従事する看護師に求められる水準について、施設の態勢や療養介護の内容に鑑みて、安全確保の面に関していえば、医療機関における看護師が医療行為を行う際に求められる注意義務の水準と比較して同程度のものと解した裁判例があります。[*6]

（品谷圭佑）

＊1　横浜地裁平成一七年三月二二日判決　＊2　東京地裁平成一五年三月二〇日判決
＊3　東京地裁平成二〇年一月二五日判決、大阪地裁平成一九年一一月七日判決
＊4　最高裁平成二二年一月二六日判決　＊5　東京地裁平成二五年五月二〇日判決
＊6　大阪地裁平成二四年三月二七日判決

Q62

眼科の医療事故

眼科で生じる医療事故にはどのようなものがあるでしょうか。裁判例があれば紹介してください。

眼科では、水晶体が混濁することで視力の低下が生じる「白内障」、眼圧が上昇し視神経に異常が起こることで視力や視野の障害が生じる「緑内障」、眼球の内側にある網膜がはがれることで視力が低下する「網膜剥離」などの病気が典型的です。特に、白内障は加齢に伴い発症することが多く、七〇代の高齢者の八〇パーセント以上が罹患しているといわれ、身近に起きる病気とされています。緑内障も発症や進行の自覚症状に乏しいことがほとんどであり、失明に至る危険性のある重大な病気です。そのような眼の病気を治療するため手術を選択することも多いでしょう。ところが、手術の際の手技や術後管理などにミスがあったために、症状が改善せずかえって悪化し、場合によっては失明する事態が生じることがあります。それが眼科の医療事故です。眼科の医療事故の裁判でも他の診療科での医療事故と同様に、**医療水準**に従った手術が行われたかどうかが問題になります。以下では、三つの裁判例を紹介します。

左眼の老人性白内障の手術を受けた七四歳の患者が術後眼内炎に罹患し、左眼を失明したとして損害賠償を求めた事案では、「原告の眼内炎は、医師らが当時一般に行われていた水準の術前無菌法を採っておらず、手術前の無菌化が十分でなかったことと白内障手術の執刀医となった医師の手術ミスにより水晶体後のう破裂を起こして感染症発症の危険性を増大させたこととが相まって発生し、その結果、原告の左眼は失明するに至ったと認めるのが相当である」として医師の過失が認められました。[*1]

また、白内障の手術後に網膜剥離が発症したにもかかわらず、緊急手術を実施せずに放置したために視力が回復しなくなったとして損害賠償を請求した事案では、「被告病院の医師としては、原告の症状が急速に悪化して網膜剥離が黄斑部に達したことが判明した九月一二日の時点では、一四日に予定していた手術を繰り上げて、直ちに緊急手術を実施すべき義務があったといわなければならない。」として病院側の過失が肯定されました。[*2]

他方、緑内障の予防のためにレーザー虹彩切開術（ＬＩ）を受けたところ水疱性角膜症などを発症したとして損害賠償を求めた事案では、裁判所は手技上の義務違反を否定しつつ「被告が水疱性角膜症についての説明やレーザー選択等に関する説明をしなかったことにより、原告は、ＬＩの実施に関する自己決定権を侵害されたものと認めるのが相当である」として**説明義務違反**（Ｑ30参照）に基づく損害賠償を認めました。[*3] 眼科に関する以上の裁判例は一例に過ぎませんが、原告の請求を認めた重要な裁判例といえるでしょう。

（寺谷洋樹）

＊1　東京地裁平成一三年一月二九日判決　＊2　東京地裁平成一五年五月七日判決
＊3　東京地裁平成二五年一月三一日判決

Q63

歯科の医療事故

インプラントの治療後も顎に神経麻痺の症状が残っています。歯科医師に医療過誤の責任を問うことはできますか。

歯科治療には、治療方法の選択肢が多岐にわたること、同時進行的に多数の歯の治療が行われることが珍しくない上に診療録の記載が簡潔であることが多く事後的に治療状況を把握しにくい場合があること、標準的な診療行為や手技が確立していない分野が多く診療水準の把握が困難な場合があること、といった、他の一般診療と異なる性質・特徴があります。

また、歯科医師に求められる説明義務についても、歯牙に不可逆的な侵襲を与え外貌への影響も大きい治療行為が少なくないこと、治療費が高額になる自由診療で行われることが多いこと、治療内容について説明を受ける時間的余裕があるといった性質・特徴から、他の一般診療と比較して説明義務の課される範囲は広く、より詳細な説明を求められる傾向があると指摘されています。歯科治療について歯科医師の医療過誤責任を問う場合には、このような歯科治療の性質・特徴を考慮しながら検討していく必要があります。

インプラント治療は、欠損した歯の代わりに人工の歯根を埋めてそれを支台として歯冠を装着する手術で、インプラント体が顎骨に固定されるため機能的に優れ審美的にも良い結果を得られることから、近年盛んに実施されています。しかし一方で、術後に後遺症や死亡のリスクを伴う上に治療費が多額に上ることから患者が不満を抱き訴訟に至る事案も少なくありません。

本件では、インプラント体を埋入する際に医師が顎付近の神経を傷付けてしまった結果、神経麻痺の症状が残った可能性があります。そこで、顎の神経麻痺の原因を究明し、インプラント治療が原因であるとされた場合には、医師のインプラント治療の手技上の注意義務違反を問えるかを検討することになります。裁判例として、十分な角度をつけてインプラント体を埋入しなかったためにオトガイ孔付近の下歯槽神経を損傷したとして注意義務違反を認めた例[*1]があります。

最後に、歯科治療は多額の治療費を投じている例が多い一方、仮に医療過誤による責任が認められたとしても、後遺症の程度が軽く評価されて損害額が低額になってしまうことも珍しくありません。したがって、責任追及の結果得られる賠償額が、歯科治療に投じた費用や支出した弁護士費用等の支出に見合わないリスクが他科の例に比べても高いと言えます。

歯科治療に関する医療過誤責任の追及を検討する場合には、このリスクについても弁護士と慎重に協議する必要があります。

（寺中麗子）

＊1　東京地裁平成二〇年一二月二四日判決

Q64

［美容外科］**美容外科の医療事故**

美容外科の医療事故について教えてください。一般の内科や外科の医療事故と比べて異なる点はあるのでしょうか。

美容外科とは、外見を改善すること、つまり容貌、容姿を美しくすることを目指す臨床医学の一分野をいいます。具体的には、二重まぶた整形、顔の輪郭形成術、フェイスリフト（シワ・たるみを取る治療）、豊胸手術、脂肪吸引、わきが手術、永久脱毛などの施術が行われています。

美容外科の対象は疾患ではありません。病気を治療するわけではないので、健康保険の適用はなく、**自由診療**とされています。このように、美容外科は、一般の内科や外科とは少し性質の異なる診療科であると言えます。そうは言っても、手術の過程などにおいて事故が発生した場合に医師やクリニックが負う法的責任についての考え方は、基本的に、一般の診療科の医療事故の場合と異なりません。つまり、医師に過失があり、発生した損害と過失との間に因果関係があると認められる場合には、患者は、損害賠償請求として、治療費や慰謝料等の支払いを求めることができます。裁判例においても、豊胸手術が失敗し、乳房の形が不自然になってしまった事案[*1]や顔の輪郭形成術（エラ削り）の手術が失敗し、顎の変形や知覚麻痺が残ってしまった事案[*2]において、医師の過失を認め、損害賠償を命じたものがあります。
美容外科分野の特色をあげるとすれば、**インフォームド・コンセント（充分な説明に基づく同意）**が重視される傾向があると言えます。患者は自分の病気やそれに対する医療行為について知る権利があり、かつ、知った上で治療方法を自分で決める権利を持っています。インフォームド・コンセントは、この患者の権利を保障するための概念です。医師は専門知識に基づいて適切な説明と助言をすべき義務を負い、その義務を十分果たしていなかった場合、インフォームド・コンセントがなかった、すなわち説明義務違反として違法の責を負うことがあります。この点、美容外科においては、病気や外傷に対する治療がなされる他の診療科の現場と比べて、**医療上の必要性や緊急性が乏しい**ことは間違いありません。美容効果の達成については、個々人の主観的評価に左右される面も強く、患者が過度の期待を抱いている場合も少なくありません。また、患者としては、希望する美容効果を得られることに疑問がある一方、危険性が高い場合は、治療を受けないという選択をすることも十分あり得ます。そこで、美容外科の施術を行う医師は、得られる美容効果の程度や施術に伴う危険性について、より丁寧かつ慎重に患者に対して説明する義務を負っています。裁判例には、頸部のたるみ除去手術で手術痕が残った事案について、生じ得る手術痕の大きさ、外観及び残存期間についての説明が十分でなく、かつ、他の選択可能な手法の内容やそれを受けた場合の利害得失についての説明をしていないとして説明義務違反を認めたものなど[*3]がみられます。

（武谷　元）

＊1　東京地裁平成一九年一月二九日判決　＊2　東京地裁平成二〇年九月二五日判決
＊3　仙台地裁平成二九年九月二八日判決

Q65

［美容外科］フェイスラインの骨削り術

私はモデルの仕事をしていることもあり、フェイスラインを整える技術に優れていると宣伝する美容外科医院で、下顎の骨削り手術を受けました。しかし、削り過ぎでフェイスラインがえぐれた形になり醜くなってしまいました。裁判になれば、美容外科医院は当然私に賠償義務を負うことになりますよね。

美容外科手術の失敗の場合、裁判になると、美容外科領域では医療水準がはっきりしない点がネックとなります。すなわち、医療機関が責任を負うには、医師の過失と、その過失により結果が生じたという因果関係が必要です。医療過誤の場合の過失とは、一般的な**医療水準**に達していない場合に認められますが、美容外科の場合、医療水準を検討する資料となる教科書や**ガイドライン**がないことからはっきりせず、過失の認定が困難なのです。

患者からすれば、術前より醜い結果が残ったのだから、過失があるのは当たり前ではないか、と思いがちですが、人間の生体反応には個人差や多様性があるために、期待された結果が実現されず、予期しない悪しき結果が生じることが避けられません。従って、悪しき結果が生じたことから直ちに**手技上の過失**があったと推定されるものではありません。[*1] このようなことから、美容外科手術においては、過失のハードルは高いように思われます。

しかし、仮に施術に過失が認められなくても、美容外科が発行している本は集客のためのもので、手術の良い点を強調し、リスクについては書かれていないか記述が薄いことが多いです。

美容整形手術は医学的必要性や緊急性が乏しく、患者の主観的願望を満足させるために行われるものであることから、医師は患者に対して通常よりも丁寧な説明を心がけ、患者が当該医療行為を受けるかについて十分な情報を基に熟慮の上決断することができるよう配慮すべき義務があると言えます。[*2] その中には前述のような希望の形態にならないかもしれないという説明も含まれます。従って、美容外科医院に**説明義務違反**の責任がある場合もあります。その場合、生じた結果に対してではありませんが、美容外科医院の説明が不十分であった点に慰謝料の支払義務が生じます。但し、そうしたデメリットの説明を受けていれば手術をしなかったであろうとまで裁判所に認定してもらうことは、なかなか難しいと思われます。

（羽賀千栄子）

＊1　大阪地裁平成二八年三月一五日判決　＊2　東京地裁平成二八年一一月一〇日判決

Q66

エステの医療事故

エステの医療事故について教えてください。
エステティックサロンで施術を受け、身体に被害を受けてしまった場合、どのような請求ができるのでしょうか。

エステティックとは、「人の皮膚を清潔にし、もしくは美化し、体形を整え、または体重を減ずるために施術を行うこと」と定義されています。**エステティックサロン**（エステサロン）とは、このような全身美容を目的とした美容院をいいます。具体的には、脱毛、痩身、美顔術（フェイシャル）などの施術が行われています。エステサロンは、美容外科と似たイメージを持たれますが、美容外科は医療機関であるのに対して、エステサロンは医療機関でないという大きな違いがあります。美容外科では資格を持った医師により医療行為として施術が行われますが、エステサロンでは医療行為を行うことはできません。例えば、いわゆるレーザー脱毛は医療行為にあたるため、医師のいないエステサロンで行うことはできないとされています。

エステサロンでの施術は医療行為ではないとしても、顧客の身体と直接かかわる施術を提供する以上、**顧客の身体の安全に配慮しながら施術を行う義務**を負います。施術者がこの義務に反して、顧客の身体に被害を発生させてしまった場合、顧客は、債務不履行責任又は不法行為責任を根拠に、エステサロンに対して損害賠償を請求することができます。その場合、傷害の治療費や、仕事を休んだことによる休業損害、慰謝料等を請求できることは、通常の医療事故の場合と同じです。参考になる裁判例としては、アトピー性皮膚炎の罹患歴を有する顧客に対して美容器具を利用した顔面エステ施術を続けた結果、アトピー性皮膚炎が重症化してしまったという事案についてのものがあります。裁判所は、エステサロンは、客が皮膚障害を生じることのないよう配慮すべき注意義務を負い、仮に皮膚障害が生じた場合には、直ちにエステ施術を中止し、医師の診察を受けるよう勧める等の被害防止のための適切な措置を講じなければならないと述べて、エステサロンの注意義務違反を認めました。[*1] また、ストレッチング施術において施術者が不適切な施術を行った結果、腰椎椎間板ヘルニアが発症してしまった事案において二〇〇〇万円以上の高額賠償をエステサロンに命じた判決もあります。[*2]

なお、エステの契約は、**特定商取引法**の「**特定継続的役務提供契約**」に指定されており、同法の適用を受けるので、顧客は**クーリングオフ**や中途解約等の権利を行使することができます。エステサロンでトラブルに遭遇した際は、特定商取引法を根拠にした主張ができないかも考えてみるとよいでしょう。

（武谷　元）

＊1　東京地裁平成一三年五月二二日判決　＊2　東京地裁平成一四年四月二三日判決

Q67

ペットの医療事故

長年かわいがっていて家族同然だった犬の具合が悪くなり、動物病院に連れて行きましたが、すぐに死んでしまいました。納得できないので、動物病院の責任を追及したいのですが。

日本全体では約八九二万頭の犬と約九五二万頭の猫がペットとして飼われていると言われ（二〇一七年の調査）、「ペットは家族と同じ大切な存在」という認識が広まっています。そこで、ペットが医療事故に遭ってしまったケースを紹介します。裁判では、人間の医療事故と同様に、①医師（獣医師）側になんらかの落ち度があったか（過失）、②死亡や後遺症などの被害は医師の過失によるものと言えるか（因果関係）、という二つの論点について、原告の飼い主側が証拠で証明する必要があります。その他に、治療に関する医師側の説明が適切であったかという**説明義務違反**の論点も考えられます。では、「過失」と「因果関係」について原告の立証が成功した場合には、どの範囲で賠償が認められるでしょうか。犬や猫その他のペットは、法律上は「動産」つまり「物」として扱われ、どの程度の経済的価値があるのかが問題にされます。判例では死亡したアメリカンショートヘアの猫（三〇万円で購入し、入賞歴もあるショーキャット）の**財産的損害**として五〇万円を認めた例[*1]や片目に白内障などの眼科的な後遺障害が残ったロシアンブルーの猫（一五万円で購入）の財産的損害を一〇万円と認めた例[*2]がありますが、捨て猫を拾ったり、知り合いから貰ったりした場合には、「経済的価値＝財産的損害」はゼロとみなされるでしょう。

認められやすいのは「家族同然」のペットを失った飼い主の悲しみを償うための**慰謝料**ですが、裁判例によってその金額はまちまちです。右のアメリカンショートヘアの猫の例（避妊手術の失敗）では二〇万円の、ペルシャ猫の死亡例（猫伝染性腹膜炎の治療ミス）では三人に対して各六万円の合計一八万円の慰謝料が認められています。[*3]また子宮蓄膿症の診断ミスで八歳の秋田犬が死亡したケースで四〇万円の慰謝料が認められたこともあります。[*4]なお、先ほどの猫に白内障などの眼科的な後遺障害が残ったケースでは、飼い主に五万円の慰謝料が認められているので、後遺症のケースでも慰謝料が認められる可能性があります。その他には、飼い主が支払った治療費の返還（実費）が認められたり、**葬儀費用**として三万八〇〇〇円が認められたケース（右記秋田犬の例）もあります。なお医療事故ではありませんが、ドッグホテルの管理ミスで犬が死亡したケースでは、葬儀費用として五万三五五〇円、四十九日法要の費用分として一万五〇〇〇円が認められています。[*5]

以上をまとめると、損害としては基本としての慰謝料が最大でも五〇万円前後で、その他に支払った治療費の返還が認められ、葬儀・埋葬費用も認められる可能性がありますが、財産的損害については、ゼロとされたり、低額に抑えられたりしています。

（森谷和馬）

＊1　宇都宮地裁平成一四年三月二八日判決　＊2　東京地裁平成二〇年六月一八日判決
＊3　東京地裁平成一九年九月二六日判決　＊4　福岡地裁平成三〇年六月二九日判決
＊5　東京地裁平成二五年八月二一日判決

第Ⅱ部

医療事故手続の進め方

Q68

医療事故に遭わないためにはどうしたらよいか

医療事故に遭った後ではおそいです。医療事故に遭わないために、日頃から気をつけておいた方がいいことがあれば教えてください。

医療事故はいくら患者側が意識していても一定の確率で起こることですので、完全に避けることはできません。それでも、医療事故に遭う危険を減らすために気をつけるポイントはいくつかあります。

まず、患者から医師に対し、**できるだけ情報を伝える**ことが必要です。例えば初診で「この数日どういった症状でしたか」「どこがどのように痛みますか」などと聞かれたときに、患者の方は診療時間を気にしたり何となく医師に遠慮して、あるいは今回の病気とは関係ないなどと勝手に判断して、医師に十分情報を伝えていないことがあります。医師は問診の結果も踏まえて診断を行い、治療方針を決めることになりますので、こちら側の情報をしっかり伝えていないことは誤った診断や治療につながりやすいといえます。

次に、医師から診断の根拠や今行っている医療行為の内容、今後の医療方針について十分に説明を受けることです。「説明義務」の項目でも述べたように、医師には診断や治療に関する**説明義務**

がありますが、患者が求めなければ十分な説明を受けられないことは少なくありません。分からないことは何度も聞いて、時には絵や図などを使った説明を求めるのもよいでしょう。

患者自身が勉強することも大切です。医師から説明を受けた病気の内容、その病気に対する一般的な治療方法、予後などについて書店にある一般向けの医学書やインターネットなどで調べることで、自分の病気のことが分かり、適切な治療の選択や、今後の治療に関しての疑問や希望を医師に伝えることができます。

さらに、現在の治療に関して、別の医師に意見を聞いてみる（**セカンドオピニオン**を求める）ことも有意義です。病気の内容や状態によっては、治療方針が医師によって大きく異なることがあります。複数の意見をもとに治療の予後などを確認しながら、自分のライフスタイルに合う治療方針を選択することができます。

医療事故として相談がある事例には、治療経過の中で**医師との信頼関係**が崩れてしまったケースが多く見受けられます。医師との対話が十分なされず、医師は患者に十分向き合わず、患者もまた、治療に信頼をおくことができないという中から、医療事故は生まれ、精神的な被害は拡大します。治療の途中で、お互いが信頼関係を築きながら治療を進められるようなやりとりをもつこともまた、医療事故を防ぐために必要なことかもしれません。

（関哉直人）

Q69

医療事故かも？と思ったときにやっておくべきこと

夫がある病気の治療のため、手術を受けました。簡単な手術だからすぐに退院できると言われていたのに、なかなか具合が良くなりません。これは医療過誤でしょうか。医療過誤だとすると、私は何をするべきでしょうか。

とにかく大事なことは、**資料を集めて保存する**ことです。時間が経過するにつれ、紛失、散逸する可能性があります。集めるべき資料としては、例えば、診断書、医師から渡された説明書面、診察券、領収書、処方薬の説明書等が考えられます。患者側に残される資料はとても少ないので、こうした資料はとても貴重です。

病院側から受け取る資料を残すだけでなく、日記等をつけるなどして、**患者本人やその家族が積極的に記録を残す**ことも重要です。記録に残すべき事項は、当初診療を受けた時の状況、その時の容態、医師からの事前の説明内容（治療方針、危険性等）、診療や看護中の医師・看護師等の説明内容、診療後の容態の変化やその対応、容態が変化した際の医師の説明内容などです。記録すべきことがあってからできるだけ早期に記録することを心がけ、記録する際には、日付とできれば時刻も記録しておくと良いでしょう。その時はしっかり覚えていられると思っていても、どうしても記憶は薄れていきますし、また、日付等を記載することにより、出来事が起こった直後に記録された書類であることが明確になり、その書類に記載されている内容は信用性が高いと判断される可能性も高まります。

また、問題となる医療行為の後に別の病院などで診察を受けた場合には、そこでの医師の意見が参考になる場合があるので、その説明も記録に残しておきましょう。

そして、担当医師等と面談をする際には、面談内容を録音して記録に残すことも考えられます。

医療事故かも？　と考えて資料を保存する際には、後に必要になるかどうかにかかわらず、とりあえず全ての資料を保存しておくという姿勢が重要です。適時に保存しておかなければ、後で取り直すことができない資料も多いことから、とりあえず全ての資料を保存しておけば、後になって「あの時保存しておけば良かった」という事態を防ぐことができるからです。

ただ、最も大事なことは、できるだけ早い段階で弁護士に相談することです。本件が医療過誤と言い得るのか、その判断・調査等についてどのような種類・内容の資料をどのような方法で取得等し、保存しておくべきなのか、弁護士は丁寧に説明してくれるはずです。

そのほか、警察への相談についてはQ70、解剖の可否についてはQ71をご覧下さい。

また、医療機関が保管しているカルテ等の診療に関する記録の入手方法については、Q78及びQ79をご参照ください。

（福原　亮）

Q70

警察に被害届を出したほうがよいか

妻が腹部の手術を個人病院で受けました。
手術が終わった日の夜、妻の容態は急変しました。
しかし当直医がどこかに行ってしまっており対応してもらえず、
そのまま妻は死亡しました。これは警察に届けるべきでしょうか。

刑事事件にすべきか否かは弁護士により見解が分かれる可能性がある難しい問題です。私の経験では、我々弁護士が相談を受ける前に警察が介入していると、民事での賠償請求で支障が生じます。第一に、刑事事件になっているとカルテ等が押収されていることが多いと思いますが、そうなると、カルテの調査に着手できません。もちろん、警察は通常コピーを取ったりした後、事件が処理されるよりずっと前にカルテ等を病院に返却しますが、この時期は捜査官によりまちまちです。もっとも、最近は「電子カルテ」と言ってカルテの情報をパソコンのデータとして保管する所も多く、その場合は警察の介入後もデータが残っていることがあります。第二に、医療過誤に基づき民事上の損害賠償請求をする場合、死亡事例ですと、**解剖記録**が必要になります。もちろん、解剖をしないで弁護士の所に駆け込んで来た依頼者も多く、それはそれで何とかなってきましたが、やはり全件で解剖記録はあった方が良いのです。

この点、刑事事件になると**司法解剖**が行われているのですが、**司法解剖記録**は捜査が終わって被疑者の処分が決まってからでないと外部に出すことはできません。従って事実上、**民事事件**で使用できないことになります。私が経験した限りでは、医療過誤の刑事事件は捜査が困難らしく、民事事件が終了する時点になっても、まだ続いているからです。

これに対して、警察の介入がなければ、カルテ等の資料は病院にあるので、**証拠保全**などで入手でき、解剖も**病理解剖**をしてもらえばその記録が出次第、比較的容易に入手できます。

従って、民事上の賠償請求について訴訟も含めて考えている場合は、警察への届出は慎重に考えた上で行った方が良さそうです。

ただ、悩ましいのは、今までに何件か刑事事件が先行してしまっている事件を受任した中で、司法解剖記録を非公式に捜査終了前に入手できたこと、あるいは見せてもらったことがあります。その内容は病理解剖より数倍役に立ちました。なぜなら、司法解剖は被疑者を処罰すべきか否かの資料なので、被疑者の過失についても言及しています。過失について判断できない場合には、何の資料が足りないから判断できないと、論理的に書いてあります。これを捜査の終了を待たずに入手することができるのなら、刑事事件になった方が遺族にとって利益になると言えそうです。

（羽賀千栄子）

Q71

解剖を勧められたらどうしたらよいか

家族が病院で死亡したのですが、病院から解剖を勧められました。どうしたらよいでしょうか。

身内が医療過誤の疑いで亡くなった場合、死因究明のためには解剖が有益な手段となります。解剖には、**病理解剖**（病理医により病院でなされる、死因等を解明するための解剖）、**行政解剖**（不自然死に対してその死因を明らかにするために主に監察医の行う解剖）、**司法解剖**（大学の法医学教室において、裁判所あるいは捜査機関が関与して行う解剖）があります。

医療過誤が疑われるケースでは、警察に通報して司法解剖を求めるという方法も取り得ないわけではないですが、いきなり警察の関与を求めることには、やはり躊躇を感じる方も多いかと思われます。そこで、病理解剖を求めることが通常であろうと考えられます。もっとも、近時は、**死亡時画像診断（Ai＝Autopsy imaging）**という手段も普及しています。この方法は、死亡した人をＣＴやＭＲＩで全身撮影して診断するものであり、メリットとしては、①死体を傷つけない、②簡易に行える、③死亡直後に実施できる、④多くの施設で実施できる、⑤第三者による読影ができる、⑥解剖よりも安価である等があります。しかしながら、死亡時画像診断（Ai）は、あくまでも画像で判断するものなので、この検査だけで死因を明確にすることは困難な場合があるというのがデメリットです。そして、行政解剖と司法解剖では、解剖を行うにあたり、遺族の承諾は不要です。他方、病理解剖では、遺族の承諾が必要となります。

また、死因究明のための解剖結果の遺族に対する開示については、行政解剖や病理解剖では、遺族が開示請求できます。他方、司法解剖では、解剖結果は「訴訟に関する書類」（刑事訴訟法四七条）に該当するので、原則として、刑事事件の審理が始まる前には、開示されないことになります。ただし、捜査段階においても、遺族側の求めに応じて例外的に司法解剖の内容が開示されることはあるようです。

病理解剖では、実施のためには遺族の承諾が必要となるので、病院側は遺族に対して、解剖の迅速な実施の必要性及び解剖後の臓器や標本の保存や返還の希望の有無の説明を行うことが求められます。他方、遺族としても、解剖に心情的な抵抗がある場合であっても、死因究明の効果的方法であることを十分に理解した上で、承諾の判断をすることが望まれます。仮に、解剖を拒むとしても、死亡時画像診断（Ai）は行っておくことが望ましいでしょう。

（湯浅芳樹）

Q72

自分で交渉や裁判ができるか

夫が医療ミスにより亡くなりました。病院側は責任を認めています。病院側との話し合いや示談交渉について、弁護士に依頼せずに自分で進めることは可能でしょうか。

病院側との交渉や、病院に対する裁判を弁護士に依頼せずにご自身で進めることは、もちろん可能です。

本件と異なり、病院側が責任を否定しているような場合には、なかなか話し合いは前には進みません。このような場合には、法的に過失があるかについて弁護士に相談しながら、慎重に進めていくことが必要です。

これに対し、本件のように病院側が責任を認めている場合、ご自身だけで話し合いを進めていく中で、病院側から十分な説明や謝罪が得られ、解決に至ることもあります。また、病院側から積極的な金銭提示があり、**示談**に至ることもあります。もっとも、病院側が責任を認めていても、ただ謝罪するのみで十分な説明がなされないこともあります。また、金銭の提示額には、治療費の返還だけという場合から法的に相当な賠償額まで開きがあり、どの程度が法的に妥当かについて判断が難しい場合もあります。最終的に示談を行う際にも、法的に妥当な**示談書**をつくる必要があります（Q84参照）。このような問題があるため、病院側が責任を認めている場合であっても、弁護士に相談してアドバイスを受けながら話し合いを続けていくことが望ましいといえます。

話し合いがうまくいかず、裁判を提起する場合には、一般的には弁護士に依頼することがよいと思われます。**医療訴訟**は専門性が高く、また、法的な**過失**や**因果関係**を構成し、書面で主張しなければならないので、弁護士に依頼し、弁護士と一緒に裁判を進めていくことが望ましいといえるでしょう。

ご自身で裁判を起こすにしても、弁護士に相談して進めることが望ましいです。裁判を起こす場合や弁護士に依頼する場合には相応の費用もかかりますので、相談した弁護士と十分協議した上で、弁護士に依頼するかどうか、裁判を起こすかどうかを決めてください。病院側に対する請求額に対し、費用が大きくかかる場合には、**ADR**（Q86参照）など裁判以外の手続の利用も検討されるとよいでしょう。

（関哉直人）

Q73

どのように弁護士を探したらよいか――医療事故に詳しい弁護士の探し方

医療事故について病院側の責任を問えるかを相談する弁護士をどのように探せばよいでしょうか。

一般的な弁護士の探し方としては、知人から紹介してもらう、都道府県の各弁護士会の法律相談を利用する、各市町村や特別区の法律相談を受ける、インターネットで探す、などの方法があります。また法テラス（日本司法支援センター）では収入などの制限がありますが、無料で法律相談を受けることも可能です。

ただ、**医療事故の相談は弁護士にとって専門性が高い領域**とされ、相談者から話を聞いただけで病院側の責任の存否を判断できることは少なく、診療行為の経過を確認したり協力医のアドバイスを受けるなどノウハウが求められます。そのため医療事故の相談では専門性を身につけた弁護士を探すことが重要です。医療事件を専門相談として取り扱っている弁護士会もあります。インターネットでは弁護士を容易に検索できますが、情報の信頼度が問われる場合もありますので慎重に探してください。

ところでこの本を編纂している東京の**医療事故研究会**は医療事故被害者を救済するために患者側

の代理人によって作られた団体で、**医療事故の法律相談と事件の受任**を行っています。専門性を高めるため医療事件について日々研鑽をはかり情報交換をしています。このような団体（研究会や弁護団）は東京では医療事故研究会や医療問題弁護団が代表的ですが、全国各地にあり相談窓口を設けています。ここでは東京の医療事故研究会へのアクセスについて紹介させていただきます。医療事故研究会では毎週火・木・金曜日の午後一時から三時まで事務局が電話（03-5775-1851）にて受付をしています。このうち火曜日は弁護士がテレフォンガイドを担当し、医療事件に関する一般的な内容や進め方について簡単なご案内をしています。医療事故研究会では初回相談の申込に際して**調査カード**の記入と提出をお願いしています。調査カードの用紙は医療事故研究会に電話をいただいて郵送するか医療事故研究会のホームページ（http://www.iryoujiko.net/）からダウンロードが可能です。ホームページでは相談やその後の流れなどについても詳しく解説しています。

調査カードが事務局に届きますと二人の担当弁護士が決まり担当弁護士から相談者に連絡が入り、初回の法律相談の日時や場所が決まります。医療事故研究会では初回の法律相談（一時間程度）を無料としています。法律相談では担当弁護士が調査カードの内容や相談者のお話などをもとに医療事故の経過を確認します。そして医療過誤が疑われ手続を進めることが相当と判断した場合には、相談者のご意見をお聞きした上、**調査（医療記録の入手と検討）**、**示談交渉**、**訴訟提起**などを行います。

（中村一郎）

Q74

治療中でも弁護士に相談できるか

医療ミスが原因で後遺症に苦しんでおり、現在通院して治療中なのですが、このような段階でも弁護士に相談してよいのでしょうか。
また、通院中の病院で医療ミスがあったのではないかと疑問をもっている場合はどうでしょうか。

弁護士への相談は早いに越したことはありません。なぜなら、早い段階で相談すれば、関係者の記憶も鮮明ですし、手元にある証拠の紛失を防ぐこともできるからです。

しかし、通院中の患者については**症状固定**していないのではないか、という問題がありますので注意してください。症状固定とは、これ以上治療を継続しても症状の改善が見込まれない状態をいい、これは医師が判断します。医師が症状固定と判断した時点でなおも残ってしまった障害を**後遺障害**といいます。

医療ミスを理由として損害賠償請求（交渉、調停、訴訟）をするためには損害額を決める必要がありますが、どのような後遺障害が残ったかが損害額を決める際に重要となります。ですから、まだ症状固定していない場合は、たとえ医療ミスがあったかどうかがわかったとしても、損害額がはっきり決まらないため、損害賠償請求をすることは難しいということになります。症状固定前に示談してしまうと、あとで予想よりも重い後遺症害が残ったときに、追加で損害賠償を求めることができなくなることもあり得ます。

たとえ通院中の病院の医療ミスが疑われる場合であっても、弁護士に相談することはいつでもできます。弁護士には守秘義務（弁護士法二三条）があるので、相談したことやその内容が病院に知られることはありません。

ただし、医療ミスの有無を判断するには、患者本人の医療記録（カルテ、検査データ等）が必要となり、この医療記録は病院にしかないので、病院に記録開示を請求したり、裁判所に証拠保全の申立てをしたりすることになり、このタイミングで医療ミスを疑っていることが知られることが多いでしょう。残念ながら、そのような患者に対して良い顔をしない医療機関もないわけではなく、また、主治医との関係が気まずくなることもあり得ますので、他の病院への転院をきっかけに医療記録の開示を請求する場合が多いようです。しかし、難病や地方在住の患者など転院が困難な場合もありますので、開示請求の時期については、弁護士と十分話し合ってください。

（中村新造）

Q75

弁護士との初回の相談

弁護士との初回の相談の際にはどのようなことに注意すべきでしょうか。

弁護士との初回の**相談**の際には、相談（面談）日に先立って事前に、相談担当弁護士に対し、事案の概要等の情報を知らせておくとよいでしょう。

相談日に、初めて事案の概要を最初から伝えて相談しようとすると、内容を説明するにも相当の時間を取られます。効率良く相談時間が使えるよう、相談担当弁護士に、事前に事案の概要を知らせておくことができれば、弁護士の方も事前に検討することができますので、問題点を把握し、より的確な助言を行うことができるでしょう。

そのためには、相談日に先立ち、相談担当弁護士に対し、医療事故の経過・内容、関連する医療機関名・診療期間、医師の診断・治療経過（時系列）、原因に関する医師の説明・交渉経過、原因に関する相談者の考え、問題解決についての考え方（希望）、手元に存在する資料の有無等について、整理したメモを交付するなどして、概要を知らせておくとよいでしょう。

医療事故研究会では、ホームページ上に、「**調査カード**」の書式を掲載していますので（http://www.iryoujiko.net/dl/1-3.html）、**初回相談**に先立って、こちらの書式に記入したものをご送付いただだき、相談担当者が事前に目を通した上で、初回相談に臨むことになっています。

相談日には、お手元にある関連する資料をできるだけ持参することが望ましいです。資料としては、診療の過程で医療側から交付されたもの（診療情報提供書、検査記録、入院診療計画書、手術等に関する説明書・同意書等）、死亡診断書（死体検案書）、病理解剖報告書、母子手帳、処方箋、領収書、診察券や、身体障害者手帳等の被害（損害）内容がわかる資料、患者側が作成したメモ・日記等が考えられます。こうした資料については、相談担当弁護士に相談し、場合によっては、事前に写しを送付するなどして目を通してもらうこともよいでしょう。

なお、初回相談日に先だって、カルテを必ず入手しておく必要はありません。カルテは、医療機関に対して任意に開示を求めて入手することが可能ですが、改ざんのおそれがある場合等には、**任意にカルテ開示を求める**よりも、裁判所の**証拠保全**の手続（Q79参照）により入手した方がよいこともも考えられますので、その点も含めて弁護士に相談されるとよいでしょう。すでにカルテを入手済であれば、相談時に持参した方がよいか、事前に相談担当弁護士に確認しておかれると良いと思います。また、相談にあたっては、医療側に対してどのような点を疑問に思っており、何を求めたいのか、可能な範囲で、お気持ちを整理して臨まれると、相談がよりスムーズに進みやすくなるでしょう。

（樫尾わかな）

Q76

相談から解決までの流れ

弁護士に相談した場合、解決まではどのような流れになりますか。

依頼者の方からご相談を受けて事情をお聞きした結果、相手方に対し、法的な責任を問える可能性がある場合、**調査受任**という形で、まず事件の調査及び分析について弁護士が受任します。調査受任を行うのは、医療事件は非常に専門性の高い分野であるため、事件について正確に把握し、相手方に法的な責任を問うことができるのかをよく検討する必要があるからです。

その時点で、相手方の医療機関からカルテの開示を受けていなければ、カルテの開示を受けます。カルテが任意に開示されない場合や、カルテが改ざんされるおそれがある場合などには、**証拠保全**の手続をとります。証拠保全の手続は、裁判官らが医療機関に出向いて、医療機関が保管している依頼者のカルテ等の診療記録をコピーしたり写真撮影するものです。

そして、事件の経緯や事情と併せてカルテの内容等を調査受任した弁護士が精査します。弁護士は、文献や判例等を調査し、協力医に意見を求めることがあります。協力医は、第三者の立場から、当該事件について専門的な意見を述べます。事件の難易度やその他の事情に応じて、口頭で意見を聞く場合と、書面で意見を述べてもらう場合があります。

以上の分析及び調査を経て、事件についての方針を決定します。事件の内容や依頼者の要望等に応じて、示談交渉、ＡＤＲ、民事調停、訴訟等の各手続を選択するか、責任追及を断念するか方針を決定します。裁判手続を選択した場合、第一審の判決が出るまでには、おおよそ約二年程度の期間がかかります。事件の難易度によっては、第一審に数年かかる場合もあります。当事者双方が主張立証を尽くした後、証人尋問を経て、第一審の判決が下されます。場合によって、鑑定が実施されることもあります。また、第一審で審理されている間に、裁判所から和解を勧められ、和解が成立することもあります。その場合には、和解によって事件が終了します。

第一審の判決が下され、その結果に不服がある当事者は、高等裁判所に**控訴**することになります。敗訴した当事者が控訴しなければ、一定の期間を経て判決が確定します。

控訴審の判決が下され、その結果に不服がある当事者は、さらに最高裁判所に**上告**または上告受理の申立てをします。ただし、最高裁判所で審理が行われるのは、憲法違反などの重大な事由に限定されるため、上告または上告受理の申立てが受け容れられることは稀です。

訴訟を提起して勝訴判決を得た場合、医療事件では相手方が医療機関なので判決で命じられた賠償額が任意に支払われることが多いですが、仮に相手方が任意に支払わない場合には、別途、強制執行を申立てて、判決で命じられた賠償額を現実に手にしていく手続をとる必要があります。

（渡辺知子）

Q77

弁護士のセカンドオピニオン

私の受けた外科手術のミスについて弁護士に相談しているのですが、弁護士の言う病院側のミスの内容や今後の方針が、私の考えと違っていて、納得がいきません。セカンドオピニオンとして違う弁護士にも相談しようと思うのですが、いかがでしょうか。

医療事故に限らず、相談者と弁護士の間で意見が一致しなくなることはあり得ることだと思います。特に医療事件では、相談者と弁護士とでは、事案の把握のための視点が異なることに原因があるのかもしれません。

医療事故の場合、相談者は、実際に自分や家族が受けた診療や検査、医師からの説明等、自らの経験から医師の診断や処置に疑問・不信感を抱き相談に来られるわけですが、これに対し弁護士は、相談者からの話を踏まえた上で、医療機関から入手した診療記録を精査し、その事案の全体像を可能な限り客観的資料に基づき把握しようと努めます。協力医から意見を聴取したり、医学文献を調べ、事案全体の中でどの医療行為にどのような問題があったのか、それは違法とまで言えるレベルのものなのか、証拠はあるのか、といったことを明確化しようとします。

その過程の中で、相談者が「問題がある」と考えていた医師の治療行為や説明を、全く問題ある行為として取り上げず、相談者が問題にもしていなかった別の治療行為のほうに、法的な問題があると説明する場合もあるでしょう。その場合、大事なことは、その弁護士は、相談者の言ったことが嘘だとか、間違っているとか言っているわけではないということです。

先ほど述べた弁護士の調査は、相談者の訴えていることが真実か否かを判断することが目的ではなく、事案全体を可能な限り客観的に見た場合、相談者の受けた損害に直結する医療行為は何だったのか、そこに法律上の責任を問えるだけのミス、問題があったのかを見極めることが目的なのです。そのことを理解された上で、その弁護士とどの点で意見が違うのか、その理由は何なのかについて、よく話し合い、わからないことは丁寧に説明してもらうよう依頼することをお勧めします。

弁護士にもいろいろいますから、この説明を面倒臭がったりする人がいるかもしれませんが、相談者であるあなたが真剣に尋ねれば、きちんと説明してくれるはずです。

もちろん、**セカンドオピニオン**を求めるため、ほかの弁護士に相談されるのもよいでしょう。ただ、今相談している弁護士が、診療記録や文献等の調査を終了している段階であれば、セカンドオピニオンを求めるにしても、その新たな弁護士も、あなたの案件につき、あらためて同様の調査をしなければ、適切な判断はできないはずだということは理解されてください。

（飯田康仁）

Q78

カルテの開示請求はいつでも誰でもできるのか

病院にカルテの開示を請求したいのですが、本人でなくてもできるでしょうか。また患者が亡くなっている場合、遺族でも請求できるのでしょうか。

カルテなどの診療記録は個人情報ですので、患者本人は、民間医療機関に対しては**個人情報保護法**に基づいて、国や独立行政法人、自治体が設置する医療機関に対しては行政機関あるいは独立行政法人に関する個人情報の保護に関する法律や各自治体の定める個人情報保護条例に基づいて、開示請求をすることができます。また、厚生労働省は、平成一五年に、全ての医療機関を対象として「**診療情報の提供等に関する指針**」を策定しており（平成一五年九月一二日厚生労働省医政局長通知、以下「指針」）、この指針において、患者が診療記録の開示を求めた場合には、例外の場合（第三者の利益を害するおそれがあるときや、患者本人の心身の状況を著しく損なうおそれがあるとき）を除き、医療従事者等は原則としてこれに応じなければならないと定めています。指針に法的拘束力はありませんが、局長通知として全ての医療機関に対する周知徹底と遵守が要請されているものですから、医療機関には指針に則った対応が求められます。なお、厚生労働省は民間の医療機関等向けに「**医療・介護関係事業者における個人情報の適切な取扱いのためのガイダンス**」を作成していますが、このガイダンスでも、患者から診療情報の開示請求があれば、遅滞なく開示すべきこととされています。このガイダンスは、国や独立行政法人等が設置する医療機関等は直接の対象とはしていませんが、これらの医療機関等も、このガイダンスに十分配慮することが望ましいとされています。

診療記録の開示を求めうるのは、原則として患者本人ですが、法定代理人や、患者本人から委任を受けた任意代理人も請求可能です。さらに、指針は、患者が成人で判断能力に疑義がある場合は、現実に患者の世話をしている親族やこれに準ずる者による開示請求も認めています。では、遺族の場合はどうでしょうか。**死者の情報**は、原則として個人情報にあたらないとされているため、遺族が個人情報保護法令に基づいて故人である患者の診療情報の開示を請求することはできませんが、指針は、遺族からの診療記録の開示請求について、「患者本人の生前の意思、名誉等を十分に尊重することが必要である」としつつ、一定の遺族（患者の配偶者、子、父母、これに準ずる者〔これらの法定代理人を含む〕）から診療記録の開示請求があれば、原則としてこれに応じなければならないと定めています。診療記録の開示手続は、各医療機関が定めることになっていますので、請求者は、その手続に従って開示請求を行うことになります。具体的な手続については各医療機関に確認されるとよいでしょう。なお、診療記録等の保存期間については、カルテが五年と定められ、その他の診療記録は三年（二年のものもある）となるものが多く、保管期間が経過して、すでに廃棄されてしまった場合には、開示が受けられなくなりますので注意が必要です。

（東　麗子）

Q79

証拠保全

証拠保全はどのようなケースでどのようにして行われるのでしょうか。

医療事故事件においては、医療側において作成した**診療録（カルテ）**等の記録を入手し、検討することが不可欠です。個人情報保護法に従い、カルテ等は、患者側が医療機関に対して、**カルテ等の開示請求**を行い、任意の交付を受けて入手することができますが、カルテ等が手書きで作成されている場合には、電子カルテに比べて**改ざん**がしやすく、医療側の責任を問題にしている場面などでは改ざんのおそれもありますし、すべての記録が開示されない可能性もありますので、裁判所による証拠保全の手続により入手することが望ましい場合もあります。

証拠保全とは、訴訟に先立ち、裁判所に、カルテ等の証拠を保全する必要があると申し立て、裁判所の決定を得て、裁判官が医療機関に赴き（申立人側も同行可能）、医療機関側が保有するカルテ等の記録の写しを確保する手続です。ただし、証拠保全には、相当の費用・時間がかかりますので、患者側において費用負担が困難な場合や、**電子カルテ**システムが導入されていて改ざんの可能性が低いと考えられる場合（電子カルテシステムでは、通常、修正をすれば履歴やログが残るため、改ざんは難しいと考えられています）、あるいはすでに医療機関側に争う姿勢を見せているためこれからの改ざんのおそれがそれほどない（もし改ざんをするなら、すでにし終えているだろう）と考えられる場合には、証拠保全を行わないという判断もあり得るでしょう。証拠保全の申立てにおいては、申立人（患者側）において、医療側（相手方）に何らかの法的責任があること（医療側の過失により医療事故が起こったこと）を説明する文書（申立書）を作成し、これを裏付ける資料（事実経過に関する患者側の陳述書や文献等）とともに裁判所に提出しなければなりません。申立書には、カルテ等の証拠を保全すべき必要性（改ざんのおそれ）についても記載する必要があり、具体的な改ざんのおそれを推認させる事実の記載が必要と言われますが、比較的緩やかに判断されています。東京の場合は、通常、申立後に、申立人代理人と裁判官との面接が行われ、その後に決定が出されます。

証拠保全を行う旨の決定は、実際に証拠を保全する期日当日まで相手方医療機関には知らされず、期日当日の、通常は裁判官が赴く一時間ほど前に、医療機関に決定が送達されて、初めて知らされます。保全の方法は、病院のコピー機でコピーをさせてもらったり、申立人側が同行したカメラマンが記録を撮影する等により行い、申立人側と裁判所の両方で、カルテ等の記録の写しを保管します。そのため、後の裁判において、医療機関側が提出したカルテ等の内容が、保全したカルテの内容と異なる場合等には、裁判所に保管してある記録と照らし合わせて確認することができます。

医療事故研究会の弁護士が受任した場合の費用等については、ホームページをご確認ください（http://www.iryoujiko.net/youryo/1-2.html#n-0201）。

（樫尾わかな）

Q80

医師・病院が負う責任

医師・病院に対してはどのような責任を追及できるでしょうか。

医療事故があった場合、医師側（医師・病院）に対しては、**民事責任**の追及のほか、**刑事処分**（業務上過失致死傷罪）や**行政処分**（戒告や医師免許取消しなど）が考えられますが、ここでは民事責任について述べます。

医療事故の民事責任を追及する場合の責任原因（法的根拠）としては、**債務不履行責任**（**診療契約上**、適切な医療行為を行う注意義務に違反したことによる責任）と、**不法行為責任**（違法な行為を行ったことによる責任）の両者があります。患者側は債務不履行責任、不法行為責任両方の責任原因を主張して責任を追及することも、いずれか一方のみに基づき責任を追及することもできますが、債務不履行責任、不法行為責任いずれの場合も、裁判の場では、医療側の責任について患者側が主張・立証しなければならないことに変わりありません。

一人の医師（担当医）が医療ミスをして医療事故が起きたケースで考えてみましょう。まず、担当医個人は医療ミス（不法行為）をした本人ですので、担当医に対して不法行為責任を追及することができます。

この担当医が病院の勤務医である場合には、その担当医を雇用している病院開設者（法人、地方自治体など）が不法行為者の使用者としての責任（「**使用者責任**」と呼ばれ、広い意味で前記不法行為責任に含まれます）を負うので、病院開設者に対しても、責任を追及することができます。

この担当医が個人開業医である場合には、患者は担当医と**診療契約**を結んでいることになり、医療ミスは診療契約上の義務違反となるため、担当医に対して債務不履行責任を追及することができますが、担当医が病院の勤務医である場合は、診療契約は患者と病院開設者との間で結ばれているので、債務不履行責任を追及する相手は、担当医個人ではなく、病院開設者となります。

勤務医による医療事故では、損害賠償金の支払能力などを考慮して病院開設者のみの責任を追及することが多いように思いますが、患者さんの意向によっては病院開設者と担当医個人の両方に対し責任を追及するケースもあります（この場合、病院開設者に対しては債務不履行責任及び〔又は〕使用者責任を、担当医個人に対しては不法行為責任を追及することになります）。

医療側に対して追及する責任の内容としては、不適切な医療行為を行ったこと（**作為**）あるいは、必要・十分な医療行為を行わなかったこと（**不作為**）による責任が考えられます。また、**説明義務違反**による責任を追及する場合もあります。これらについては別のQをご参照ください。

（樫尾わかな）

Q81 看護師・薬剤師・助産師の責任

医師だけでなく複数の医療従事者（看護師、薬剤師、助産師）が関与するなかで医療事故が発生した場合、責任の所在はどうなるのでしょうか。

医療は、一人だけで行うことができず、複数の医療従事者によって分担されることが多く、これはいわゆる「**チーム医療**」と呼ばれています。

ある医療従事者に過失がある場合、当該医療従事者自身が責任を負うことはもちろんですが、チーム医療においては、**他の医療従事者**も責任を負うのでしょうか。

看護師・助産師は、療養上の世話（患者の症状等の観察、環境整備、食事の世話、清拭、排泄の介助、生活指導等）に関して医師の指示なしに行うことができます。したがって、この点に関して過誤があった場合には、看護師・助産師自身が責任を問われることになります。

他方、看護師・助産師は、医師の指示のもとで診療の補助を行うこともできます。この場合、医師の指示に従った行動が求められますので、これに反した行為を行った場合には、看護師・助産師の責任が問われます。

また、看護師・助産師は有資格者として専門知識を有しており、仮に医師の指示に基づいたものであったとしても、医師の誤りに気づくべきであった事案では、医師とともに法的責任が問われる場合があります。

薬剤師は、薬に関する最高責任者であり、正確に調剤することだけではなく、医師の処方意図を把握し、疑義がある場合に、医師に照会する義務（疑義照会義務）を負っています（薬剤師法二四条）。そのため、医師の処方せんに過誤があった場合、それを見過ごした薬剤師も責任を問われる可能性があります。

実際に、医師が、常用量の五倍量の薬剤を誤って処方し、患者が死亡した事案について、処方した医師だけではなく、薬剤を調合した薬剤師に過失が認められた事例[*1]も存在します。

これまで、看護師、助産師、薬剤師等、**医師以外の医療従事者**個人の責任は、医師の指示責任の影に隠れて表面化することは少なかったのですが、いずれの職も、独立した専門職であるという意識の広がりに伴い、今後、医師だけでなく、その他の医療従事者の責任が問われる事案も増えてくると思われます。

（寺中麗子）

＊1　東京地裁平成二三年二月一〇日判決

Q82

交通事故と医療事故が重なった場合

子どもがタクシーにぶつけられて頭を強く打ち、救急車で病院に運ばれました。重症とはいえ、適切な治療をすれば助かる状態でしたが、入院先の病院で医師に判断ミスがあり、急死してしまいました。責任はどちらにあるのでしょうか。

自動車による事故については、その運転者や車の持ち主が賠償責任を負うことになっていますが、**交通事故**に対する治療を行うなかで、医療ミスが起こる可能性があります。本件では、そもそも交通事故で重大なけがを負わせた以上、運転者に全責任を負わせてもよいように思えます。しかし、入院先の医師のミスさえなければ患者が死ぬことはなかったということですから、医師の責任も軽視できません。つまり、運転者にも医師にもどちらにも責任がありそうですが、そう考えてよいのでしょうか。

最高裁は、このような場合、運転者と医師の双方に被害全体を賠償する責任があると判断しました。[*1]

民法には**共同不法行為**という規定があり、加害者である数人が共同の不法行為で他人に損害を加えたときは、加害者それぞれが**連帯して損害賠償責任を負う**ことになっています（七一九条）。したがって、このケースでは、運転者と医師（ないしは病院）の双方を被告として訴えることができ、判決で勝訴すれば、どちらから賠償金の支払を受けてもよいという答えになります。

では、最初の交通事故では片足の骨折程度のけがを負ったが、医師のミスで患者が死亡したような場合はどうでしょうか。こうしたケースでは、先に説明した共同不法行為の規定をどこまで適用するかという法律解釈の問題になるため、担当する裁判官によって考え方に違いがでる可能性があります。その一例として、交通事故により骨折の傷害を負った被害者について、その後治療を続けながら、事故日から二年九ヶ月後に受けた手術にミスがあり、後遺症が残ったという事案について「本件交通事故と本件抜釘術とでは、時間的・場所的近接性がなく、行為及び過失の態様が異質であり、被侵害利益が別個であると解される」と判示し、共同不法行為の成立を否定したものがあります。[*2]

反対に、最初の交通事故で救命が難しいほど重大な傷害を負い、搬送された病院で治療中に医療ミスが起きて死亡するようなケースも考えられます。これらのケースでは、運転者の責任や医師（病院）の責任を限定するという考え方もありうるでしょう。しかし、患者側（原告）としては、どちらにも全額の賠償責任があるという前提で（双方を被告にして）訴訟を提起することになりますし、仮に裁判官が運転者や医師の責任を限定する考え方をとったとしても、運転者と医師に対して認められる金額を合わせれば損害全体をカバーできるはずです。

（石丸　信）

＊1　最高裁平成一三年三月一三日判決　＊2　東京地裁平成一九年九月二七日判決

Q83

医事紛争解決の手段

弁護士から、病院の法的責任が認められる可能性はあるが、認められる損害額は三〇〇万円程度であるといわれ、裁判を行うか迷っています。ほかに方法はないのでしょうか。

まず、弁護士が、**内容証明**による請求書等をだすなどして**交渉**する方法があり、これに対して病院が責任を認め、解決が得られることもあります。

法律相談により請求可能な損害額を弁護士から確認し、ご本人が交渉して解決される場合もあります。

このように交渉により解決される事案は、医師の過失や過失と結果との因果関係が比較的明らかで、かつ損害賠償の金額もそれほど高額でない場合が多いでしょう。もちろん、損害額が高額でも、過失、因果関係が明らかなケースでは、交渉で解決することもあります。

これに対して、過失の存否が微妙なケース、因果関係が認められない可能性が高いケース、請求金額が高額なケースでは、病院側としては、無過失を主張したり、因果関係を争ったり、損害額も争うことになりますので、交渉ではまとまりにくいでしょう。

交渉による解決が見込めない場合、交渉がまとまらなかった場合に、**訴訟**を検討することになります。訴訟を提起する場合には、裁判所に納める**印紙代**、**弁護士費用**、ときには**鑑定費用**などがかかります。時間的にも、**判決**、**和解**までにそれなりの時間がかかり、仮に地裁で病院の責任が認められる判決が下りた場合でも、病院側が控訴することもあります。また、患者側が敗訴するリスクもありますので、訴訟を提起することに躊躇してしまうことも少なくありません。

そのような場合、**裁判外紛争解決手続（ADR）**を利用することも可能です。

たとえば、東京では、三つの弁護士会が**「医療ADR」**という裁判ではない解決制度を設けています（Q86参照）。この手続は相手（病院側）が手続に応じない場合には進めることができない、合意に至らないことがあるなどの限界はありますが、比較的短期間で終わりますので、事案によっては、この手続を利用するのもよいでしょう。

そのほか、裁判所での話し合いを求めて簡易裁判所に**民事調停**の申立てを行う方法もあります。

いずれにせよ、勝訴の可能性、損害額、費用、早期解決を希望するかなどの当事者の気持ち、そのほかの事情を考慮し、弁護士と相談しながら決めるとよいでしょう。

（山崎和代）

Q84

示談する際の注意事項

病院と交渉し、病院側から示談金を支払ってもらうことになりました。示談書を作成するにあたって何か注意することはありますか。

支払金額、支払日は合意した内容どおりになっているか、などは当然確認すべきことですが、そのほかにも注意点があります。

まず、**示談**の前提として、損害（被害）内容が確定していることが必要です。**後遺症**が残るケースでは、今後はそれ以上良くも悪くもならないという状態（**症状固定**）になった時点でその後遺症の程度を評価し、金額に換算します。症状が固定せず、より良くなる可能性がある場合には、病院側も**後遺障害**と認めて損害賠償金を支払うことができません。また、患者側としても、症状固定まではそれにかかる治療費などを請求する必要があります。よって、症状固定後に示談することが通常です。

また、示談書には、その他の債権債務がないことを確認する旨を記載することが通常です。これにより、通常発生する損害に関する損害賠償については、この示談書で解決したことになります。したがって、基本的には、示談の時点では予想外の重大な後遺症が生じた場合などを除き（このような場合に別途の請求を認めた判例があります[*1])、後で、この医療過誤を原因とする後遺症と思われる障害が発生した場合においても、その分の損害賠償の請求をすることができなくなってしまいますので、注意する必要があります。

また、**将来の治療費**にも注意しましょう。示談成立時までに発生している治療費は、示談内容に含めて支払ってもらうことになりますが、ケースによっては、症状が固定していても、その後も継続的な治療が必要で、治療費がかかる場合があります。

そのようなとき、この治療費の負担についても記載することがあります。

そのほか、賠償以外の事項、たとえば**謝罪条項**や、病院側が今後の診療の改善を約束したり、事故の**再発防止**に努めるといった事項を記載することもあります。こうした賠償以外の事項についても、気になることがあれば、示談書に記載してもらえないか、交渉することも可能です。

病院側と金額について合意できた場合においても、すぐに署名捺印せず、示談書の内容に不利なところがないかなど、文面について弁護士に相談されるとよいでしょう。時間制による法律相談なら、相談料もそれほど高額にはなりません(おおむね三〇分ごとに五〇〇〇円程度)。

(山崎和代)

＊1 最高裁昭和四三年三月一五日判決

Q85

医事紛争処理委員会について

医事紛争処理委員会とは何ですか。
患者や遺族は、どのようにかかわるのでしょうか。

医事紛争処理委員会とは、都道府県医師会、地区医師会に設けられている医事紛争処理のための委員会です（医師会によって名称は多少異なります）。医事紛争処理委員会は、医師会の会員の紛争処理のために設けられた機関であり、裁判所の**調停**や弁護士会が行っている**医療ＡＤＲ**（Ｑ86参照）のように、患者側から直接申立てることはできません。しかし、事実上は、委員会が患者側から苦情申立てを受けると、相手方の医師に連絡し、医師の報告を受けた形にして紛争処理委員会に付託することが多いといわれています。

都道府県医師会の医事紛争処理委員会は、会員から、損害賠償請求額が保険の免責額の一〇〇万円を超え、日本医師会の医師賠償責任保険の対象となる医事紛争の報告を受けた場合、都道府県医師会の意見を添えて日本医師会に付託します。その後、日本医師会からの連絡、指示に基づいて処理が進められます。日本医師会は、付託された案件を保険会社に連絡し、保険会社は、日本医師会の設置する「**調査委員会**」に調査を委ねます。各種診療科の専門医と弁護士などによって構成された調査委員会において、案件が討議に付され、議論の結果、問題点を整理して、**賠償責任審査会**に上程されます。この賠償責任審査会は、医学関係学識経験者、法学関係学識経験者によって構成されており、医師の立場に偏することなく、医療事故の公正妥当な解決を図るため、中立的な立場で医師の責任について、医学的立場からの判断と適正な法的判断を行うことを目的としているといわれています。

しかし、患者側からみると、医事紛争処理委員会は、医師の立場に偏った判断をする機関としてとらえられがちです。また、苦情を申立てても、結論が出るまでにかなりの時間を要し、その果てに希望に沿えないと回答されることもあります。医師が責任を認めていても、日本医師会の医師賠償責任保険の適用を受けようとすると賠償責任審査会の回答を待たざるを得ませんし、賠償額も低いといわれています。審査の過程や結果が公表されないため、公平性・中立性・透明性の観点からも批判があります。このような批判から、二〇〇六年三月には茨城県の医師会が、医師会で初めて「**茨城県医療問題中立処理委員会**」を設置しました。中立処理委員会の委員は、弁護士、学識経験者、市民代表、医師の一〇名で構成され、苦情に対応し、委員会が必要性を認めた事案について、あっせん・調停会議を開催し、問題の処理に当たります。

（中山ひとみ）

Q86

ADRについて

ADRとは何ですか。
医療紛争の場合、どのような紛争がADRに相応しいのでしょうか。

ADRとは、Alternative Dispute Resolution の略で、仲裁、調停、あっせんなど、裁判によらない紛争解決方法を広く指すものです。二〇〇四年に**裁判外紛争解決手続きの利用の促進に関する法律**が制定され、紛争を迅速・簡易・安価に解決する制度として注目されています。運営主体も行政や業界団体、弁護士会、NPO法人など多岐にわたっています。

弁護士会では、一九九〇年に第二東京弁護士会がADRを行う仲裁センターを開設し、二〇一七年一〇月現在、全国三四弁護士会で三七センターが設置されています。医療紛争もそのセンターで扱ってきましたが、二〇〇七年九月に、東京の三弁護士会が合同して、**医療ADR**をスタートさせました。東京の三弁護士会による医療ADRの特色は、患者側または医療側の立場において医療訴訟・医事紛争の解決経験が豊富な弁護士が、あっせん人として関与することです。もちろん、患者側や医療側のあっせん人は、あくまでも中立・公正な第三者としての立場から関与するので、中立人や相手方の各々の代弁者や代理人的な役割を担うものではありません。この医療ADRは、過失などの法的責任について裁断するのではなく、当事者間の対話による解決を目指した制度です。したがって、裁判の判決のような一刀両断的な判断ではなく、当事者の対話から解決が導きだされるので、解決の内容も柔軟なものになります。手続きも迅速に行われます。現在では、各地の弁護士会で医療問題に特化したADRを開設しています。

医療事故について、医療機関が責任を認めているものの、損害額について当事者間に争いがある場合は、医療ADRによる解決が相応しいといえるでしょう。医療訴訟の経験豊富な弁護士があっせん人に入ることによって、裁判になった場合のことも考えながら、妥当な解決額へ向けて、対話を促進させていくことが考えられるからです。裁判は大掛かりな装置で、その利用には費用や時間がかかるため、損害額が小さい事件も医療ADRに相応しいといえるでしょう。逆に言うと、過失や因果関係の存否に大きな争いがある場合は医療ADRでの解決は難しいと思われます。しかし、争いが損害額だけであっても、対話による歩み寄りが困難であればADRでの解決は困難ですし、過失や因果関係に争いがあっても、対話により解決に至る場合もあるので、責任の有無に争いがある場合にADRの有用性が一概に否定されるわけではありません。

ADRは紛争解決の一つの手段であり、決して万能ではありません。しかし、対話により解決しようという姿勢が当事者にあれば、思いのほか解決に至る場合が多いように思います。

（中山ひとみ）

Q87

医療事故調査制度

新しくできた医療事故調査制度とはどのような制度なのかを教えてください。

医療事故調査制度とは、医療事故が発生した場合に、医療機関に対し、医療機関自ら事故の原因について調査を行い、その結果を遺族や民間の第三者機関に報告することを義務づける制度です。平成二七年一〇月一日から施行されました。従前から、医療事故が起こった場合に、医療機関が独自に事故調査委員会などを立ち上げて院内調査を行うケースがありました。医療事故調査制度は、これを法律上の制度として全ての医療機関に義務づけることとしたものです。具体的には、対象となる医療事故が発生した場合、まず医療機関は**第三者機関（医療事故調査・支援センター）**に報告を行わなければなりません。その後、医療機関は、必要な調査を実施し、調査結果について遺族への説明及び第三者機関への報告を行います。報告を受けた第三者機関は、医療機関が行った調査結果の報告を整理・分析し、医療事故の再発の防止に関する普及啓発を行うこととされています。

注意すべきなのは、医療事故調査制度の対象となる「医療事故」とは、医療法上「医療従事者が提供した医療に起因し、又は起因すると疑われる死亡又は死産であって、当該管理者が当該死亡又は死産を予期しなかったもの」に限定されています。すなわち、**医療に起因しないもの**（入院中に治療中の病気と関係のない病気・事故で死亡した場合など）、**死亡又は死産の結果が生じていないもの**は対象ではありません。また、医師などが死亡又は死産が予期されることを患者に説明していたり、診療録に記録していた場合などは、「死亡又は死産を予期しなかったもの」とはいえないとして、対象から除外されます。逆に、医師などが「予期しなかったもの」であればよく、医師などにミスがあったか否かは関係がないことにも留意が必要です。「医療事故」に該当するかの解釈は容易ではない場合もあり、報告がなされるべき事案について報告がなされないということも起きているようです。医療事故調査制度は、あくまでも医療機関の自主調査が原則です。第三者機関が調査を行うのではありません（ただし、遺族又は医療機関が調査を依頼した場合には、第三者機関である医療事故調査・支援センターが調査を行うことができます）。また、この制度の目的は、医療事故の原因究明と再発防止を行い、医療の安全を確保することです。医療機関や医師等の法的責任を追及することを目的とする制度ではありません。

医療事故が発生した場合、弁護士は医療機関にカルテの開示を求め、独自に調査を行って医療機関や医師の法的責任追及を行います。制度の目的が異なりますから、弁護士に依頼し、医療機関や医師に法的責任追及を行う際に、必ず医療事故調査制度に基づく調査を経なければならないということではありません。問題となっているケースが医療事故調査制度における「医療事故」に該当するかどうかなどについては、弁護士とよくご相談されるのがよいでしょう。

（石丸　信）

Q88

裁判はいつでも起こせるのか

手術後三年以上経過していますが、後遺症が残ったので、損害賠償請求を考えています。裁判を起こすことができますか。

医療事故による損害賠償を請求する場合、不法行為責任または債務不履行責任に基づいて請求することになりますが（Q80参照）、いつまでも裁判を起こすことができるものではありません。**消滅時効**による制限があります。特に、平成二九年五月に成立した**改正民法**により、この部分は、従来の規定が改正されたので注意を要します（なお、改正された民法は、令和二年〔二〇二〇年〕四月一日から施行されることになっています）。

まず、不法行為責任による場合、従来の規定では、被害者（患者）側が、**損害及び加害者を知ったときから三年**を経過すると、消滅時効により請求できなくなっていました。また、**不法行為（医療事故）の時から二〇年**が経過すると、**除斥期間**により、消滅時効が成立していない場合でも、請求することができないとされていました。債務不履行責任による場合、従来の規定では、**権利を行使することができるときから一〇年**が経過すると、消滅時効により請求できなくなっていました。

これに対して、改正民法では、**人の生命・身体を侵害する不法行為**の場合は、被害者（患者）側が、**損害及び加害者を知った時から五年**（通常の不法行為の場合は三年）、**不法行為**（**医療事故**）**の時から二〇年**で時効になるとされました。また、**人の生命・身体を侵害する債務不履行**の場合は、**権利を行使することができることを知った時から五年、権利を行使することができる時から二〇年**（通常の債務不履行の場合は一〇年）とされました。改正民法では、このように、生命・身体の侵害に基づく賠償請求権については、不法行為責任による場合と債務不履行責任による場合で**期間が統一**されました。なお、生命・身体の侵害の場合、通常より時効期間が長いのは、生命・身体は重要な法益であり保護する必要が高いからです。

また、改正前の民法では、消滅時効の進行や完成を妨げる事由として、時効の「中断」、時効の「停止」という制度がありましたが、これらは、「更新」と「完成猶予」という言葉に変更されました。

本件では、このような時効制度の内容を踏まえて、消滅時効にかかっているか、慎重に判断する必要があります。結論として、手術から三、四年程度の経過なら、従来の民法によっても、改正民法によっても、時効にはかかっていないことになると考えられます。それ以上の長期間が経過してしまった場合は、時効の起算点や更新（中断）、完成猶予（停止）の有無について法律的な検討を必要とするので、できる限り早く、専門家に相談するのがよいでしょう。

（飯田正剛）

Q89

患者に意識がないときは誰が裁判を起こせるか

妻は全身麻酔での手術中人工呼吸器のトラブルで脳に酸素がいかない時間があり、低酸素性脳症という植物状態になってしまいました。私たちは婚姻届は出していませんが、二二歳と二一歳の娘がいます。病院に対して損害賠償請求しようと思いますが、当事者になれるのは誰ですか。

植物状態になったことにより損害を受けたのは患者さんで、患者さんが生存している場合は、基本的に患者さん本人が損害賠償請求をすることになります。

しかし本件の場合患者さんは意識がありませんので、ご自身で訴訟や法律行為はできません。そこでまず家庭裁判所に**成年後見人**を選任してもらい、その成年後見人が損害賠償請求権を行使します。成年後見人は第三者が選任される場合もありますが、特に問題がなければ、あなたが選任される場合もあるでしょう。ご本人が植物状態であれば、医師による鑑定もされませんので、後見開始申立後、比較的早く決定が出ると思われます。この成年後見申立費用も、本件医療過誤に基づく損害の費目に入れることができます。

また、患者さん本人以外も、本件は家族が障害等級で言えば一級の後遺障害を負った事案ですから、家族にも**固有の慰謝料請求権**が生じます。[*1] あなたと患者さんとは事実上の夫婦ですが、死亡事案においては内縁の夫婦にも慰謝料請求を認めるのが判例[*2]ですから、死亡にも比肩しうる障害を負った本件のような場合は、あなたにも固有の慰謝料が認められることになるでしょう。二人の娘さんもあなたと同様、母親の死に比肩しうる精神上の苦痛を受けたわけですから、固有の慰謝料請求権があります。[*3]

仮に患者さんが亡くなった場合は、患者さんの有している損害賠償請求権は相続人である二人の娘さんが相続しますので、娘さんたちは、母親の死による自身の固有の慰謝料とともに、その相続分を請求します。

あなたは相続人ではありませんから、患者さんの損害賠償請求権を相続することにはなりませんが、前述のように、内縁の夫には固有の慰謝料請求権が認められることになると思われます。

（羽賀千栄子）

＊1　最高裁昭和三三年八月五日判決　＊2　東京地裁平成二七年五月一九日判決
＊3　宮崎地裁平成二六年七月二日判決

Q90

裁判を起こす場合の費用

弁護士に医療過誤事件を依頼する場合、どのくらいの費用がかかるのでしょうか。

医療事件については、一般的に、①法律相談の費用、②調査・検討の費用、③示談・訴訟の費用が必要となります。現在は弁護士費用が自由化されており弁護士によって費用が異なりますので、費用については最初に確認されることをお勧めいたします。

法律相談の費用については、通常は三〇分につき五〇〇〇円～一万円（＋消費税相当額）程度であることが多いようです。その後、カルテの分析や医療文献の調査などを弁護士に依頼する場合（「**調査受任**」）、通常、二〇～三〇万円（＋消費税相当額）程度の弁護士費用と実費が必要とされます。複数の医療機関のカルテを分析する場合等には、さらに費用がかかる場合があります。また、医師の意見を聞く場合には、医師に対する謝礼金が別途必要となります。謝礼の額は一回三万円から五万円が多いと思われますが、ケースにより異なります。なお、別途カルテ等の**証拠保全**が必要となる場合には、弁護士費用として二〇～数十万円が必要となるのが一般です。

示談交渉や裁判の段階では、相手方に請求する金額によって費用が変わるのが通常であり、その種類は、大きく分けると、**弁護士に対して支払う費用**と**手数料などの実費**に分けられます。

まず、弁護士に対して支払う費用は、**着手金**と**報酬金**に分かれるのが一般です。着手金は事件に着手する際に事件の結果にかかわらず支払うものです。示談交渉、訴訟の第一審、控訴審、上告審それぞれの段階で支払うことが多く、段階ごとにあらためて協議する場合もあります。報酬金は、事件が解決した場合に、得られた金額に応じて支払われるものです。

次に、実費としては、訴訟を提起する際に裁判所へ納める印紙代、交通費、参考文献などの謄写費用、協力医への謝礼や裁判所による鑑定費用などがあげられます。協力医への謝礼は、意見を聞くだけであれば三万円～数万円程度であることが多く、出廷して証言等をしてもらう場合には、数十万円程度になることが多いようです。裁判所による鑑定費用はおおよそ三〇～七〇万円程度であることが多いようです。

提訴する際に裁判所へ納める印紙代は請求する金額に応じて定められています。例えば、一〇〇〇万円を請求する民事訴訟の第一審の場合、印紙代は五万円となります。控訴した場合の印紙代は七万五〇〇〇円、上告した場合の印紙代は一〇万円となります（二〇一九年二月一日時点）。


（渡辺知子）

Q91

医学知識のない裁判官に適切な判断ができるのか

裁判官には医学の専門知識がないはずですが、それでも医療事故について正しい判断ができるのでしょうか。

裁判官は法律の専門家ですが、医学の知識に関しては一般の人と同じと考えて良いでしょう。裁判官の中には医師の資格を持った人もいるようですが、ごく少数です。

さて、医療事故の裁判では、常に医学的な知識と経験が必要になります。例えば、医師にミスがあったかどうかや、もしも医師のミスがなければ患者の予後（その後の病状や健康状態）はどうなったと想定されるかなど、様々な点について、医学的な評価と判断が求められることになります。医学の素人である裁判官に正しい判断ができるのでしょうか。まず重要なのは、「裁判は全て原告と被告が提出した証拠によって判断される」という大原則です。つまり、原告である患者側と被告となった医師・病院側はそれぞれ、自分に有利と考える**医学文献**（教科書的な解説書や専門学会で発表された症例報告など）や第三者である**医師の意見書**などを証拠として裁判所に提出します。裁判官はそうした証拠を読むことで、その事件の裁判をするのに必要な医学的知識を得ることができます。また審理の中では担当した医師を証人として**尋問**する機会があり、その証言を聞くことで、さらに知識や理解を深めることができます。法廷では、裁判官自らが担当医に質問することもよく見られる光景です。場合によっては、意見書を書いた第三者の医師（その分野の専門家であることが多い）が法廷で証言することがあります。ときには、原告側と被告側のそれぞれが医師の意見書を出したものの、内容が正反対という場合もありますが、そういうときは、双方の医師に法廷に来てもらい、それぞれの意見を直接聞くという方法（**対質尋問**）が採られたりします。

また裁判所が自ら外部の専門医に対し、**鑑定**という形で医学的な見解を求め、これを受けて、「鑑定書」という書面が裁判所に提出されることがあります。また一部の裁判所では、裁判所から依頼を受けた複数の鑑定人（医師）に出廷してもらい、法廷の場でそれぞれの意見について口頭で説明してもらうという方式（**カンファレンス鑑定**）を採っています。こうした専門医による鑑定の結果は、裁判官に強い影響を与えているようです。そのほかに、裁判官を援助する制度として**専門委員**という制度があり、医療事故の裁判では、必要に応じて現職の医師が専門委員として選ばれます。専門委員の医師は、医学的な立場から、その事件では何を問題とすべきなのか（**争点の整理**）について助言します。その結果、医学的には意味のない争点で争うという無駄を避けることができます。また鑑定が必要な事件では、その事件に適切な鑑定人を推薦するといった役割を果たすこともあります。こうした様々な手続を踏むことで、医学の専門的知識を持たない裁判官であっても、正しい判断ができると考えられ、運用されているのが実情です。

（森谷和馬）

Q92

医療事故があれば責任が認められるのか（過失）

医療事故が発生すれば、必ず医師に責任が認められるのでしょうか。

医療事故が発生した場合でも、直ちに医師に責任が認められるわけではありません。現代社会における法律上の大原則として、**過失責任主義**というものがあります。過失責任主義とは、責任が認められるためには加害者の側に過失が必要であるという考え方を言います。日本の民法においても、損害賠償の要件として、「故意又は過失」があげられています（七〇九条の不法行為責任）。医療事故に関してもこの原則は変わりません。ですから、病院や医師に対して損害賠償請求をしようとする場合、患者の側で医師の医療行為に過失があったことを証明しなくてはならないのです。

医師と患者の間には診療契約が結ばれているので、医師がこの契約に基づく義務を果たさなかったとして、契約上の責任を主張することもあります。不法行為構成に対して、債務不履行構成と言われています。医療事故や医療訴訟の基本を解説した本には、大抵はこの二つの法律構成が紹介されています。この債務不履行構成をとったとしても、患者は、医師が契約に基づいて果たすべき義務を果たさなかったこと（債務不履行があったこと）を立証しなければなりません。これは、結局、過失を立証するのと同じなので、両者の構成には実質的な違いはほとんどないと言われています。

医師の過失の有無を判断する場合に基準となるのが、**医療水準**です。最高裁判所は、この医療水準について、「臨床医学の実践における医療水準」であると述べています。[*1] この「医療水準」とは、全国一律の絶対的な基準ではなく、診療に当たった当該医師の専門分野、診療機関の性格やその所在する地域の医療環境の特性等の諸般の事情を考慮して決せられるべきとされており、臨床医療の現場において平均的医師が現に行っている「医療慣行」とは異なるということに注意が必要です。それ故、「医療慣行」に従った医療を行っていた場合でも、法律的な観点からは過失ありと判断される場合もあり得ます。[*2]

医療訴訟を提起する場合には、複雑な治療経過の中のどの行為を医師の過失と主張するかが重要なポイントになります。患者側としては、「医療水準」に適合しないことを証明でき、かつ、発生した損害との間に因果関係がある行為を過失と主張していくことになります。治療行為そのものに関する過失ではなく、事前の説明義務違反を過失として主張する場合もあります。

なお、平成二一年一月に**産科医療補償制度**が開始されました。この制度は、出産事故で脳性麻痺の赤ちゃんが生まれた場合、医師に過失がなくとも総額三〇〇〇万円の補償金を支払うものです。医療行為に関しては国内初の**無過失補償制度**です。平成三〇年一〇月現在で、すでに二五〇〇件以上の事案が補償対象となりました。医師に過失がある場合は、補償請求と損害賠償請求の両方を行うことができ、この場合、補償金は損害賠償金の一部に充当されます。

（武谷　元）

＊1　最高裁昭和五七年七月二〇日判決　＊2　最高裁平成八年一月二三日判決

Q93

過失があれば必ず責任が認められるのか（因果関係）

病院の医療行為にミスがあったとしても、発生した結果（損害）との間に因果関係がないと損害賠償責任は認められないといわれていますが、因果関係とその証明について教えてください。

医療過誤を理由として病院（医師）が損害賠償責任を負うためには、**過失**、**損害**、（過失と損害との間の）**因果関係**、が必要です。因果関係とは、「医師の○○○という行為がなければ△△△という結果（死亡や後遺症など）が発生することはなかった」、という関係を意味します。

医療過誤事件においては、過失の主張と証明を果たせたとしても、因果関係の証明が困難であることが少なくありません。人間の身体に起きたことについて後から十分な検証を行うことはとても難しく、そもそも何らかの疾患を抱えていたからこそ病院で治療を受けていたので、医師の○○○という行為がなければ△△△という結果は発生しなかった、ということを明らかにできるケースは多くはありません。

因果関係の存在については、法律上は、病院の責任を追及する患者側（原告）が証明する責任を負担しており、証明の程度としては、「特定の事実が特定の結果発生を招来した関係を是認しうる

高度の蓋然性を証明することであり、その判定は、通常人が疑を差し挟まない程度に真実性の確信を持ちうるものであることを必要とし、かつ、それで足りる」[*1]とされていますが、患者側にとっては決して容易なことではありません。医療過誤事件には、①手術中のミスのように医療行為が事故の原因となるケース**（医原病型（作為型）**といわれます）と、②検査が適切に行われなかったことによる誤診や病気の見落としにより治療が遅れたケース**（疾病悪化型（不作為型）**といわれます）がありますが、①の場合は、積極的な医療ミスによって結果が発生したことの証明は比較的行いやすいといえますが、②の場合は、▽▽の時点で○○という治療行為が行われていれば△△という結果は起こらなかった、と証明することは、**仮定的な判断（予測）**を内容とするものであり、非常に困難です。実際の裁判においては、医学文献や統計資料等をもとに救命（治癒）の確率を示していくことになります。

このように、因果関係の証明には困難が伴うために、患者側の証明の程度を軽減させる考え方や裁判所が抱いた心証の割合（パーセント）に応じて損害賠償額を算定しようとする考え方が主張されています。因果関係の証明が容易ではない疾病悪化型（不作為型）の場合の取り扱いや、因果関係の証明が果たせない場合にもなお患者側を救済するための考え方については、さらにQ94をご参照ください。

（上田正和）

＊1 最高裁昭和五〇年一〇月二四日判決

Q94

因果関係の証明が難しい場合の考え方

過失と結果（損害）との間の因果関係の証明が難しい場合には、一切病院の責任を問うことはできないのでしょうか。

医療過誤事件において、患者側が損害賠償責任の要件である**因果関係**を証明することは難しく（Q93参照）、特に、誤診や病気の見落としにより治療が遅れたケース（**疾病悪化型（不作為型）**）の場合には、▽▽▽の時点で○○○という治療行為が行われていれば△△△という結果は起こらなかった、ということを証明することは、仮定的な判断（予測）を内容とするものであり、非常に難しいといえます。そこで、因果関係の証明を十分に行うことができない場合に、別の観点から患者の**損害**を考えることによって患者の救済を図ろうという考え方が裁判例において登場してきました。その典型的なものが、**期待権侵害論**といわれる考え方です。これは、医師が適切な治療行為を行ってくれるとの患者の信頼や期待が裏切られた場合に、患者が受けた精神的苦痛に対する慰謝料の支払いを認める考え方です。これと類似のものとして、延命できる利益が失われた、あるいは、適切な治療を受ける機会が失われたという考え方があります。

このような中で、最高裁判所は、「医師が注意義務を尽くして診療行為を行っていたならば患者がその死亡の時点においてなお生存していたであろうことを是認し得る高度の蓋然性」が証明されれば、因果関係は肯定され、患者がその後どの程度の期間生存することができたのかは損害金額の算定にあたって考慮されるという考え方を示しました。[*1] これにより、因果関係の証明のハードルを下げるとともに、損害賠償金額の算定を通して患者の救済を図ろうとする姿勢が示されました。

さらに、最高裁判所は、「因果関係の存在は証明されないけれども、**医療水準**にかなった医療が行われていたならば患者がその死亡の時点においてなお生存していた**相当程度の可能性**の存在が証明されるときは、医師は、患者に対し、**不法行為**による損害を賠償する責任を負う」、「生命を維持することは人にとって最も基本的な利益であって、右の可能性は法によって保護されるべき利益であり、医師が過失により医療水準にかなった医療を行わないことによって患者の**法益**が侵害されたものということができる[*2]」として、患者の救済を図ろうとする姿勢を明確にしました。この考え方は、死亡の場合だけでなく重度障害等の重い結果が生じた場合にも当てはまると考えられていますが、損害賠償の内容は、通常は比較的少額の慰謝料にとどまるという限界があります。

その後、最高裁判所は、右の**相当程度の可能性**が認められない場合に適切な治療に対する期待権を侵害されたことを理由とする損害賠償が認められるか否かについて、「当該医療行為が著しく不適切なものである事案について検討し得るにとどまる」として、認められる場合はあるものの、かなり限定されるという考え方を示しました。[*3]

（上田正和）

＊1　最高裁平成一一年二月二五日判決　＊2　最高裁平成一二年九月二二日判決
＊3　最高裁平成二三年二月二五日判決

Q95

患者側の損害と認められるもの

裁判ではどのようなものが患者側の「損害」として認められますか。

裁判で認められる損害としては、大きく分けると**財産的損害**と**精神的損害**の二種類があり、財産的損害は、さらに積極損害と消極損害に大別されます。

積極損害とは、医療事故がなければ支払わずに済んだはずの支出であり、項目としては、治療費、入院雑費、付添看護費、通院交通費、介護用品等購入費、葬儀関係費用、損害賠償請求のための調査費用、弁護士費用などが考えられます。実費なので必要性・相当性が認められやすいと言えますが、弁護士費用は一律に認容額の一割程度に限定されるのが一般的です。

消極損害とは、医療事故がなければ将来得られたはずのところ、得そこねてしまった利益（逸失利益）です。**休業損害**は、休業等によって生じた現実の収入減少をいいます。**後遺障害による逸失利益**は、それがなければ得られたはずの収入と実際の収入との差額が原則です。**死亡による逸失利益**は、死亡していなければ将来にわたって得られたはずの収入から、生存していた場合の生活費を控除して計算することになります。

裁判上は、具体的な損害額の算定にあたって、五十年来事例が集積され損害賠償額算定基準として定着している「民事交通事故訴訟損害賠償額算定基準」(通称「赤本」)を参考にすることが一般的です。たとえば、死亡による逸失利益については、基礎収入額×(1－生活費控除率)×就労可能年数に対応した係数で中間利息を控除する、などの算定基準があります。ただし、医療事故においてはもともと疾患や傷害があることから、単なる差額算定で損害を把握できるのかという問題が残ります。

財産上の損害以外に、**精神的苦痛**に対する賠償金である**慰謝料**として、入通院慰謝料、後遺症慰謝料、死亡慰謝料が考えられます。死亡慰謝料については被害者本人の請求権の相続人としての請求の他に、家族に固有の慰謝料が認められることもあります。

慰謝料についても、交通事故の算定基準が参考にされています。死亡慰謝料であれば、被害者の属性に応じ、一家の支柱なら目安は二八〇〇万円程度などとされています。しかし、医療事故は交通事故とは異なり契約を前提としており、加害側が高度の専門性を有する医師であるという特質がありますので、より高度の注意義務が認められるとして増額する判断もみられます。

また、医師の指示に従わなかったなどの患者側の過失も加わって損害が発生・拡大したと判断される場合には、公平の観点から**過失相殺**によって賠償額が減額されることがあります。(菊地美穂)

Q96

裁判にかかる年月、勝訴率は

病院の責任を追及する医療裁判は長い期間がかかると聞きました。
また、医療裁判は難しい事件であるので患者側の勝訴率は低いとも聞きました。
これらについて教えてください。

医療事故**裁判**は、医療行為にミスがあったことを理由として病院や医師の法律上の責任を追及するものですが、医療という高度の専門性のある事柄について専門家を相手にする事件であるので、非常に難しい種類の事件であるといわれています。人間の身体に起きた出来事について、事後に、医療記録（カルテ類）を調査・検討して事実関係を明らかにして法律上の責任を証明していく必要がありますが、これらの作業には相当の労力と時間が必要です。

もっとも、医療過誤事件においては、訴訟を提起する前の調査活動（医療記録の入手と調査・検討）が重要であり、訴訟提起前の調査活動に費やす時間が長いというのが特徴です。事案にもよりますが、医療記録の調査と検討に一年程度を必要とする場合もあります。調査と検討の結果として、責任追及が困難であるとの判断に至ることは少なくありません。責任追及が可能であると思われる案件について、示談交渉での解決ができないときに、弁護士は依頼人と相談の上で訴訟提起（裁判）を行うことになります。

訴訟を提起すると、当事者双方が医療記録や医学文献をもとにして主張を行い、立証活動を行うことになります。裁判所での主張・立証活動の中で、話し合いである**和解**による解決がなされることは少なくありません。医療事故紛争においては、損害賠償金という金銭による解決だけでなく、事実関係についての説明や（病院に非がある場合の）謝罪や再発防止策なども解決の際には重要な点になりますので、和解による解決が好ましいといわれます。実際にも、通常の民事事件に比べて、医療過誤事件においては和解による解決の割合が高くなっており、最高裁判所の統計によると、訴訟提起された事件の約半数は和解によって終了しています。和解によって解決ができないときは**判決**によることになりますが、**一審判決までに要する期間**は、最高裁判所の統計によると約二年となっています。都市部の医療事件集中部が設けられている裁判所では、これよりも若干短くなっているようです。もっとも、事案が複雑であったり鑑定を行う場合には、より長期間かかります。

患者側の勝訴率についてですが、先に述べたように和解による解決が少なくありませんが（**勝訴的な和解**と**敗訴的な和解**の両者があります）、判決によった場合の患者側の勝訴率は、医療過誤事件の難しさを反映してかなり低くなっています。最高裁判所の統計によると、一部認容を含めた勝訴率は、最近は約二〇パーセントとなっています。

（上田正和）

Q97

裁判はどのように進むのか

医療事故の裁判は、どのように進むのですか。

医療事故の裁判の一般的な流れは、以下のとおりです。

まず、患者側が、その主張を記載した**訴状**という書面を裁判所に提出すると、裁判所の担当部から**第一回口頭弁論**の日時が指定されます。この第一回口頭弁論は、公開の法廷で行われる手続で、ここから実質的な審理が始まります。これに対して、医療機関側は、第一回口頭弁論で、**答弁書**という書面を提出して、争うかどうかを明らかにします。また、医療機関側は、この答弁書か、その後に提出する**準備書面**という書面に、医療機関側の主張（反論）を詳細に記載することになります。

その後は、一般に、**弁論準備手続**といわれる期日が、一ヶ月半に一回程度の頻度で、数回繰り返されます。この弁論準備手続は、公開の法廷で行われるものではありません。この手続が繰り返される間、患者側と医療機関側が、相互に、自らの主張を記載した準備書面を提出し、また、それぞれの主張の裏付けとなる証拠（医療記録等や医学文献）を提出します。

このような主張や証拠のやり取りは、裁判所の指揮の下で行われ、裁判官が、患者側・医療機関側の協力を得ながら、争いのない事実を確定し、訴訟の勝敗にかかわる争点をしぼり込んでいきます。この間に、患者側・医療機関側が協力して、事故に至る経過をまとめた**診療経過一覧表**を作成することが多くあります。

このような経過を経て争点が絞られた段階で、**和解**（話し合いでの解決）が試みられることも多いのですが（Q100参照）、それがまとまらない場合は、**証拠調べ**という段階に進みます。証拠調べといっても、そこで主に行われることは**証人（本人）尋問**です。患者側からは、患者本人や遺族による証言がなされ、医療機関側からは、担当医や看護師による証言がなされることがあります。また、併せて、患者側に協力している医師や、医療機関側に協力している他の医療機関の医師の証言が行われることも多くあります。さらに、裁判所が選ぶ医師らによる鑑定が行われることがあります（Q91参照）。

この段階が終わると、**弁論終結**となり、裁判所の**判決の言渡し**の日が指定されることが多いのですが、判決の言渡しの日を指定せずに、改めて和解の試みがなされることもありますし、言渡しの日を指定した上で、その日までの間に和解の試みがなされることもあります。

（榎園利浩）

Q98

裁判には毎回出席しなければならないか

医療事故の裁判に、患者や遺族は、毎回出席する必要がありますか。

裁判は、平日の昼間に行われますので、患者や遺族の方にとっては、出席するのが困難なことも多いでしょうし、そもそも医療事故の後遺症で、裁判所に行くこと自体が難しいということもあるでしょう。

結論から申し上げると、訴訟の遂行を弁護士に依頼している場合であれば、訴訟の終盤で、患者や遺族が証言台に立って証言をするとき以外は、出席する必要はありません（出席する権利はあります）。

まず、**口頭弁論**（通常、一回か二回行われ、**弁論準備手続**へと移行します）は、通常、書面のやり取りだけで終わりますので、出席しても意味がないことが多いように思います。

しかし、その後に繰り返されることとなる弁論準備手続は、争いのない事実を確定し、訴訟の勝敗にかかわる争点をしぼり込む手続なので、そこでの話し合いで、原告（患者や遺族）が重要と考えていた出来事が、重要でないこととして扱われるようになることもあります。そのため、やはり出席する必要はありませんが、出席していれば、そのような経過が分かり、納得しやすいというメリットはあると思います。

また、争点が整理された後で、**和解が試みられる場合**については、出席されるのが望ましいと考えます。その方が、短期間での合意に至りやすいという面もありますし、医療機関側が、事故が起きてしまったことをどのように受け止めているか、以後の医療をどうしようと考えているか、ということを感じ取るための最後の機会ともなり得るからです。

なお、和解の試みもうまくいかず、証拠調べ（証人尋問）へと移行した場合で、患者や遺族自身が証言をすることになったときは、当然のことながら出席が必要となりますし、そうでない場合も、医師や関係者がどのような証言をするかということは気になるでしょうから、やはり出席した方がよいと考えます。

なお、その後の**判決の言渡し**の期日は、判決主文（結論）が言い渡されるのみで、短時間で終了するので、出席しないことが多いようです。判決の内容は、期日の後に、裁判所の担当部で判決書をもらうことで知ることができます。また、自宅や弁護士の事務所に郵送で判決書を届けてもらうこともできます。


（榎園利浩）

Q99

裁判の途中で本人が死亡した場合、遺族が裁判を引き継げるか

夫は外科手術の失敗で働けなくなり、得られるはずであった賃金（逸失利益）と慰謝料を求めて、病院を相手取って裁判をしていました。ところが、手術の失敗がもとで、裁判の終了を待たずに亡くなってしまいました。妻である私と子ども二人が相続人となっています。子ども達は嫌がっていますが、夫の遺志を引き継いで訴訟を続けたいと思います。そのようなことが可能ですか。

裁判係属中に原告が亡くなった場合については、民事訴訟法に規定があります。民事訴訟法一二四条一項は、「次の各号に掲げる事由があるときは、訴訟手続は中断する。この場合においては、それぞれ当該各号に定める者は、訴訟手続を受け継がなければならない。第一号　当事者の死亡　相続人、相続財産管理人その他法令により訴訟を続行すべき者」と定めています。もっとも、さらに一二四条二項で、「前項の規定は、訴訟代理人が付いている間は、適用しない」との規定があるので、訴訟代理人として弁護士が付いている場合は、訴訟は中断しません。

ところで、「相続人は訴訟を受け継がなければならない」ということの意味はどういうことでし

ょうか。訴訟の対象となっている権利義務についても、ほかの相続財産と同様、これを相続する人がいるわけですが、訴訟の対象となっている権利義務を相続する人が訴訟を受け継ぐということなのです。相続人は、本人を受け継いだ訴訟当事者として、訴訟を進めるなり、和解するなり、取り下げるなり、相続人の判断でやってよいということなのです。

もっとも、相続人が三人いる場合は、原則として、三人が**法定相続分**に応じて（民法九〇〇条。妻二分の一、子どもそれぞれ四分の一）権利義務を受け継ぐことになります。その場合は、相続人全員が訴訟を**受継**することになります。しかし、権利については、**遺産分割協議**（九〇七条）で、誰か一人が相続するか、それ以外の方法によるかについて決めることができます。妻一人が訴訟の対象となっている権利を相続する遺産分割協議が成立した場合には、妻一人が訴訟を受継して訴訟当事者として行動することになります。

本件では、子ども達が嫌がっているということなので、子ども達が訴訟の対象となる権利を相続せず、妻だけが夫の請求する権利を相続する遺産分割協議が成立したとすると、妻だけが相続人として訴訟を受継します。具体的な手続は、自らが相続人として訴訟手続を受け継ぐことを、それを明らかにする資料（遺産分割協議書等）を添付して書面で申立てることになります（民事訴訟規則五一条）。

（阿部裕行）

Q100

裁判の終わり方（判決・和解）

患者側が病院側に対して起こした裁判は、最終的にどのような形で終わるのでしょうか。

裁判の終わり方としては、通常は、**和解（訴訟上の和解）**と**判決（終局判決）**があります。和解は患者側と病院側がそれぞれの主張を譲ったうえで病院側が患者側に一定の金銭を支払い、裁判を終わらせる合意をします。この合意が和解調書に記載されると確定判決と同一の効力が生じます。

和解調書は裁判所が作成し、当事者双方に渡されます。和解調書に記載された支払期限までに病院側から支払がなされて終わります。

和解は裁判所から勧められて**（和解の勧試）**当事者双方が和解の席につき、裁判所から一定の内容の和解案が示され、それを中心として当事者間の調整、合意と進むのが一般的です。和解は裁判の勝ち負けを断定するのではなく、条理や実情にかなった解決が与えられ、紛争の迅速かつ抜本的な解決が図られるなどのメリットがあるとされています。しかしながら医療裁判は医師の過失を問う専門的な裁判で、通常は病院側がこれを争って裁判になっているため、和解自体が難しいことがあり、また和解の時期も当事者双方の主張や主張を裏づける文献、専門医の意見書などの証拠が提出、整理され、かなりの程度進んだ段階で行われることになります。

和解において裁判所の心証として医師の過失や因果関係が認められる場合には損害額の相当性に重点を置いた和解案になりますが、過失や因果関係の認定が難しいと見舞金、解決金などの少額での和解が勧められます。和解の勧めがないか、和解が不成立となったときは、担当医師、意見書を提出した医師、患者や家族の尋問が行われ、必要であれば鑑定を経て判決となります。判決の前に和解が勧められることもありますが、この段階での調整はあまり期待できません。

判決は裁判所が指定した判決言渡期日に言い渡され、判決正本が当事者双方に送達されます。判決には主文と理由があり、主文では患者側の請求が認められるか否かの結論が、理由では主文の結論に至った事実上、法律上の判断が示されています。

判決については当事者双方が検討のうえ、不服申立をしなければ判決は確定します。請求が認められた判決が確定すると、患者側から病院側に請求書を送るなどして支払を受けます。

第一審の判決に不服がある場合には、判決書の送達を受けた日から二週間以内に**控訴**提起します。控訴提起により第二審（控訴審）で審理され、第一審の判決の当否が判断されます。控訴審では事実認定の不当および法令適用の違背の双方が判断の対象となりますので、新たな証拠を追加するなりして第一審の判決の取り消しと変更を求めていきます。控訴審の判決にも不服な場合には、**上告**や**上告受理申立**による不服申立方法が残されています。

（中村一郎）

ま行

や行

ら行

わ行

た行

な行

は行

さ行

索 引

あ行

か行

●医療事故研究会（いりょうじこけんきゅうかい）…………

1988年11月発足。東京を中心とした医療事件（患者側）を扱う弁護士約50名で構成。テレフォンガイド、法律相談の実施、事件の受任、所属弁護士の研修（医師の講演、ケース研究、判例研究）などの活動を行っている。

〒102-0072　東京都千代田区飯田橋1-12-7　MSビル3階

電話：03-5775-1851（火・木・金13：00〜15：00、祝日を除く）

FAX：03-5775-1852

ホームページ：http://www.iryoujiko.net

ブログ：http://iryojikokenkyuukai.cocolog-nifty.com/blog/

ツイッター：https://twitter.com/iryojikokenkyuu

会長：森谷和馬弁護士

●執筆者…………

赤堀文信（あかほり　ふみのぶ）
阿部信一郎（あべ　しんいちろう）
阿部裕行（あべ　ひろゆき）
荒木昭彦（あらき　あきひこ）
飯田正剛（いいだ　まさよし）
飯田康仁（いいだ　やすひと）
石丸　信（いしまる　しん）
伊藤　皓（いとう　こう）
伊藤まゆ（いとう　まゆ）
上田正和（うえだ　まさかず）
榎園利浩（えのきぞの　としひろ）
大城季絵（おおしろ　きえ）
岡田卓巳（おかだ　たくみ）
尾形繭子（おがた　まゆこ）
樫尾わかな（かしお　わかな）
菊地美穂（きくち　みほ）
岸本侑子（きしもと　ゆうこ）
櫛田泰彦（くしだ　やすひこ）
品谷圭佑（しなたに　けいすけ）
関哉直人（せきや　なおと）
武谷　元（たけや　はじめ）
寺谷洋樹（てらたに　ひろき）
寺中麗子（てらなか　れいこ）
中村一郎（なかむら　いちろう）
中村新造（なかむら　しんぞう）
中山ひとみ（なかやま　ひとみ）
羽賀千栄子（はが　ちえこ）
東　麗子（ひがし　れいこ）
福原　亮（ふくはら　りょう）
藤田尚子（ふじた　なおこ）
松井　創（まつい　そう）
森谷和馬（もりや　かずま）
山内　容（やまうち　よう）
山口貴士（やまぐち　たかし）
山崎和代（やまざき　かずよ）
湯浅芳樹（ゆあさ　よしき）
渡辺知子（わたなべ　ともこ）

医《い》療《りょう》ミスでは？と思《おも》ったら読《よ》む本《ほん》［第《だい》2版《はん》］

●…………2011年3月25日　第1版第1刷発行
　　　　　2020年3月20日　第2版第1刷発行

著者………医療事故研究会
発行所……株式会社 日本評論社
　〒170-8474　東京都豊島区南大塚3-12-4
　電話03-3987-8621（販売）　振替00100-3-16
　https://www.nippyo.co.jp/
印刷所……精文堂印刷
製本所……井上製本所
装幀………銀山宏子

　ISBN 978-4-535-98475-2